Apple Mac Excel Formeln und Funktionen

von Jörg Weiss

GW00771424

Buchbeschreibung:

Dieses Buch richtet sich an Anfänger/innen oder auch Anwender/innen mit ein wenig Grundwissen, welche Schritt für Schritt die Möglichkeiten, welche Excel im Bereich Formeln und Funktionen bietet, kennenlernen möchten.

Diese Lektüre startet mit dem Erstellen einfacher Formeln, bietet Tipps und Tricks für die ersten Excel Funktionen, dem Aufbau und Logik von Funktionen, eine Übersicht der wichtigsten Funktionen in Excel bis hin zu komplexeren Verschachtelungen und Kombinationen.

Dabei ist es stets wichtig nicht zu theoretisch bzw. mathematisch zu werden, sondern immer mit der Sicht eines Anwenders bzw. Anwenderin möglichst praxisorientiert und verständlich die Funktionen und Beispiele näher zu bringen.

Über den Autor:

Nach Geschäftsaufgabe seines damaligen Arbeitgeber 1997, meldete er als EDV Quereinsteiger ein selbständiges IT Gewerbe an. Hier sammelte er viele Jahre praktische Erfahrung. Nach und nach wechselte er vom

Service, Support und Software Entwicklung in den Bereich Seminare, Schulungen, Coaching sowie Schulungsbücher.

Es nützt der beste Experte nichts, wenn er das Wissen nicht vermitteln kann.

Hier kommt ihm der IT Quereinstieg zugute. Egal ob in Seminaren oder bei Sachbüchern, ist es ihm stets wichtig, dem Anwender und dem Leser auf Augenhöhe zu begegnen und so die Materie verständlich zu erläutern. Auch immer mit einem klaren Bezug zur individuellen Praxisumgebung des Anwenders bzw. des Lesers.

Um den Bezug zur Praxis nicht zu verlieren und auf dem aktuellen Stand zu bleiben, erstellt Jörg Weiss nicht nur theoretische Schulungs und Sachbücher, sondern geht auch weiterhin praktischen Aufgaben im IT Bereich nach. Seine Schwerpunkte liegen bei Hard und Software, Betriebssystemen, Anwendersoftware, Sicherheit, mobile Kommunikation und Softwareentwicklung für Apple und Microsoft Geräte.

Apple Mac Excel Formeln und Funktionen

Grundlagen

Von Jörg Weiss

Jörg Weiss
Brücklesäcker 3
71083 Herrenberg

+49 7032 7840604
mail@autorjoergweiss.onmicrosoft.com
https://autor-joergweiss.com

1. Auflage, 2020

© 2020 Alle Rechte vorbehalten.

Jörg Weiss

Brücklesäcker 3

71083 Herrenberg

Herstellung und Verlag: BoD – Books on Demand, Norderstedt

mail@autorjoergweiss.onmicrosoft.com

https://autor-joergweiss.com

ISBN: 9783752638684

Inhaltsverzeichnis

Kapitel 1 - Vorwort

Kapitel 2 - Aller Anfang ist leicht

Kapitel 3 - Standard Funktionen in Excel

Kapitel 10 Text Funktionen in Excel

Kapitel 11 - Schlusswort

Kapitel 1 - Vorwort

Excel ist ein Tabellenkalkulationsprogramm der Firma Microsoft, welches im Jahr 1985 vorgestellt wurde. Es ist heute Bestandteil der sogenannten Microsoft Office Suite für Windows und Mac – mit den Programmen PowerPoint (Präsentationen) und Word (Textverarbeitung). In diesem Buch wird die Apple Mac Version als Grundlage verwendet.

Excel bietet Ihnen neben der einfachen Darstellung, auch die Möglichkeit größere Tabellen und Daten optisch mit Formatierungen, Diagrammen und Filtern aufzubereiten. Daten können mittels Formeln und Funktionen berechnet und ausgewertet werden. Die Möglichkeiten im Bereich der Funktionen erschlägt oftmals den Anwender/in mit der schier unendlichen Anzahl an verschiedensten Formeln- und Funktionen.

Mein Buch führt Sie in die Excel Welt der Formeln und Funktionen ein. Diese Lektüre richtet sich daher gezielt an die Anfänger/innen oder auch Anwender/innen mit ein wenig Grund- und Basiswissen, welche Schritt für Schritt die Möglichkeiten, welche Excel bietet, kennenlernen möchten.

Am Ende lernen Sie die wichtigsten Funktionen kennen, bekommen informative Kniffe und Tricks, wissen auf was Sie dringlichst achten müssen und sind in der Lage verschiedenste Funktionen miteinander zu verschachteln, kombinieren und zu verknüpfen.

Ich wünsche Ihnen viel Freude und Erfolg beim Durcharbeiten dieses Buches.

Kapitel 2 - Aller Anfang ist leicht

2.1 Erste eigene Formeln

Am besten legen wir ohne große Umschweife direkt los. Ich gehe davon aus, dass Sie mit den grundlegenden Techniken von Excel vertraut sind. Öffnen Sie bitte die Excel App und erstellen wie nachfolgend abgebildet, eine neue leere Tabelle. Die Zellen B2 bis B4 beinhalten die Zahlenwerte 200, 300 und 400 – welche wir zusammen rechnen werden. Platzieren Sie dazu den Cursor auf die Zelle B5, indem Sie diese Zelle kurz anklicken und damit mar- kieren.

B5			fx				
	A	B	C	D	E	F
1		Umsatz				
2		200				
3		300				
4		400				
5						
6						

Abbildung 2.1: Excel Beispieltabelle für unsere erste Formel.

Beginnen Sie direkt mit der Eingabe eines = Zeichen. Excel öffnet umgehend die Formel Bearbeitungszeile, um weitere Informationen einzugeben. Geben Sie bitte dabei nachfolgende Formel ein: =200+300+400 und schließen den Vorgang mit dem Betätigen der ENTER/RETURN Taste oder dem Klick auf den grünen Haken ab.

Excel berechnet Ihnen das Endergebnis richtigerweise mit 900. Allerdings haben Sie die zu berechnenden Werte direkt oder auch absolut eingegeben. Verändern Sie doch bitte testweise einmal in B2 den Wert 200 in den neuen Wert 500. Sie werden sehen, dass sich an der Endsumme 900 nichts verändert. Wieso auch sollte Excel das Endergebnis anpassen? Ihre eingetragene Formel lautet immer noch: =200+300+400. Daran hat sich ja nichts geändert.

SUMME		✕ ✓	fx	=200+300+400		
	A	B	C	D	E	F
1		Umsatz				
2		200				
3		300				
4		400				
5		=200+300+400				
6						

Abbildung 2.2: Eingabe der ersten Formel.

Formeln und Funktionen werden daher meist immer mit einem sogenannten Zellbezug berechnet, statt die Werte direkt zu verwenden. In unserem Fall sehe die Formel wie folgt aus: =B2+B3+B4. Markieren Sie mit dem Cursor erneut die Zelle B5 und korrigieren Sie die bereits eingegebene Formel. Sie können mit der Eingabe eines = Zeichen beginnen und überschreiben damit die alte Formel. Geben Sie verwendete Zellen direkt als Text ein - wie zum Beispiel B2 – oder klicken Sie stattdessen auf die jeweils benötigte Zelle.

=B2+B3+B4

=auf Zelle B2 klicken + auf Zelle B3 klicken + auf Zelle B4 klicken

Bestätigen Sie Ihre Eingabe erneut mit der ENTER/RETURN Taste – oder klicken Sie auf den abgebildeten grünen Haken – um die Eingabe zu verifizieren und Excel die Berechnung abschließen zu lassen.

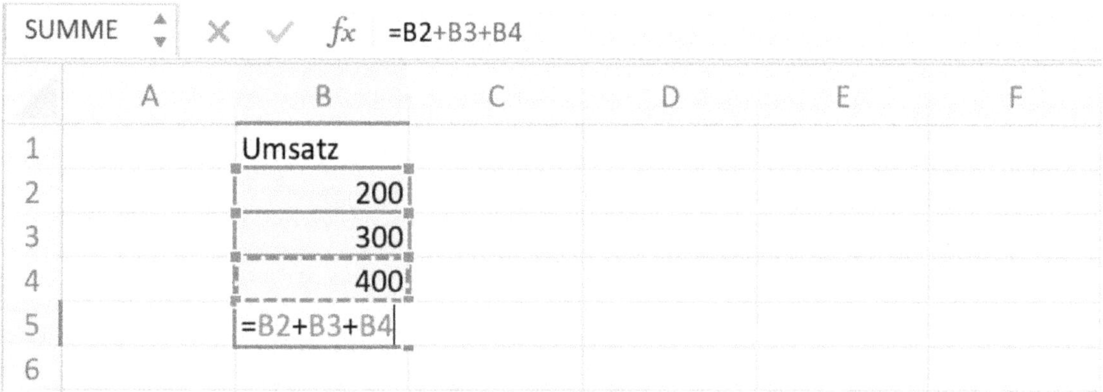

Abbildung 2.3: Formelaufbau mit Zellbezügen.

Nachdem Sie die Eingabe bestätigt haben, erhalten Sie das Endergebnis. Verändern Sie nun einen der Werte in B2, B3 oder B4 – so berechnet Excel Ihnen automatisch erneut das entsprechende Ergebnis. Möchten Sie Ihre Formel korrigieren – kann die Formelbearbeitungszeile einfach durch einen Doppelklick auf die jeweilige Formelzelle (in unserem Fall B5) erneut aufgerufen werden.

Hinweis: Wenn Sie sich gerade in der Bearbeitung einer Formel oder Funktion befinden, klicken Sie niemals mit der Maus irgendwo in das leere Tabellenblatt! Excel versucht dann die angeklickte Zelle mit in die aktuelle Formel bzw. Berechnung aufzunehmen. Verlassen Sie die Formelbearbeitung immer mit der ENTER/RETURN Taste oder der Auswahl des roten x-Symbol (Abbruch) bzw. grünen Haken (Bestätigung).

2.2 Die Grundrechenarten in Excel

Excel beherrscht natürlich die vier Grundrechenarten: Addition, Subtraktion, Multiplikation und Division für die Verwendung bzw. Berechnung in Formeln und Funktionen.

Addition. Die Addition haben Sie bereits kennengelernt. Addition zwischen den Zellbezügen wird mit dem + Zeichen ausgeführt, welches Sie rechts auf Ihrer Tastatur, neben der ENTER/RETURN Taste finden.

=C1+C2

Subtraktion. Subtraktion zwischen Zellbezügen werden durch das – Zeichen auf Ihrer Tastatur ausgeführt. Es ist der einfache Bindestrich.

=C1-C2

Multiplikation. Möchten Sie Zellbezüge miteinander multiplizieren, so erreichen Sie dies mit dem * Zeichen auf Ihrer Tastatur. Das Multiplikator Zeichen befindet sich auf der gleichen Taste wie das + Zeichen und wird über die SHIFT-Taste erreicht.

=C1*C2

Division. Möchten Sie Zellbezüge und Werte dividieren, so können Sie dies mit dem / Zeichen. Dieses Symbol finden Sie auf Ihrer Tastatur über der 7 und lösen es mit der SHIFT Taste aus.

=C1/C2

2.3 Punkt vor Strich, sonst klammer mich

Löschen Sie bitte die Inhalte unserer vorherigen Beispiele und füllen die Zellen mit nachfolgenden Texten und Werten aus. Wir werden eine kleine Beispielkalkulation erstellen. Der Einkaufspreis beträgt 80 Euro, der Gewinn soll 20 Euro betragen und darauf berechnen wir die gesetzliche Mehrwertsteuer – um den Verkaufspreis zu erhalten. Platzieren Sie den Cursor auf die Zelle C5 und geben nachfolgende Formel ein, welche Sie dann wieder mit ENTER/ RETURN oder dem grünen Haken bestätigen.

SUMME		✕	✓	f_x	=C2+C3*C4		
	A	B	C	D	E	F
1		Kalkulation				
2		Einkauf	80			
3		Gewinn	20			
4		MwSt.	1,19			
5		Verkauf	=C2+C3*C4			
6						

Abbildung 2.4: Gemischte Addition und Multiplikation in einer Formel.

Das Ergebnis von 103,80 Euro kann jedoch nicht stimmen! Bei einem Nettopreis von 100 Euro (Einkauf + Gewinn) multipliziert mit 1,19 (19% MwSt.) müsste das Endergebnis eigentlich 119,00 Euro sein. Der Grund dürfte Ihnen noch aus der Schulzeit bekannt sein – Punkt vor Strich, sonst klammer mich. Excel hat erst den Gewinn mit der Mehrwertsteuer multipliziert und danach das Zwischenergebnis mit dem Einkauf addiert! Löschen Sie die Formel in der Zelle C5 und geben die Formel nochmals ein, doch diesmal kaufmännisch korrekt – indem erst der Einkauf mit dem Gewinn addiert und diese Zwischensummer mit der MwSt. dann multipliziert wird.

Setzen Sie einfach die Klammer (über der 8 und der 9 der Tastatur) vor und nach der Eingabe der Zellbezüge C2+C3 ein - danach erst folgt das * Zeichen für die Multiplikation des Zellbezuges C3. Nun erhalten Sie auch das richtige Endergebnis von 119,00 Euro für den Verkaufspreis berechnet.

Syntax:
`=(C2+C3)*C4`

SUMME	X ✓	fx	=(C2+C3)*C4		
	A	B	C	D	E	F
1		Kalkulation			
2		Einkauf	80		
3		Gewinn	20		
4		MwSt.	1,19		
5		Verkauf	=(C2+C3)*C4		
6					

Abbildung 2.5: Addition und Multiplikation mit Klammern.

2.4 Relativer und absoluter Bezug

Kommen wir zu einem wichtigen Thema – vor allem, wenn Sie Formeln und Funktionen verschieben und kopieren. Löschen Sie erneut die Inhalte in allen Zellen und erstellen diese neue Beispieltabelle. Platzieren Sie den Cursor nach Abschluss auf Zelle B4. Geben Sie nun eine einfache Formel in B4 ein: =B2+B3. Bestätigen Sie die Eingabe der Formel entsprechend. Das Ergebnis sollte der Wert 500 sein.

Syntax:
`=B2+B3`

SUMME	fx	=B2+B3			
	A	B	C	D	E	F
1						
2	Wert A	300	400	100		
3	Wert B	200	300	800		
4	Ergebnis	=B2+B3				
5						

Abbildung 2.6: Beispieltabelle für absoluten und relativen Bezug.

Wir möchten die Formel nicht andauernd neu schreiben, daher wäre eine Idee, diese Formel zu kopieren. Excel bietet uns dazu sogar eine einfache Hilfe an. Markieren Sie erneut die Zelle B4.

B4	fx	=B2+B3			
	A	B	C	D	E	F
1						
2	Wert A	300	400	100		
3	Wert B	200	300	800		
4	Ergebnis	500				
5						
6						

Abbildung 2.7: Formel kopieren.

Fahren Sie nun mit der Maus über das kleine Viereck (Abbildung 2.7) bis der Mauszeiger sich zu einem schwarzen Kreuz verändert. Nun halten Sie die linke Maustaste gedrückt und ziehen die Zellmarkierung und damit auch die Formel weiter nach rechts bis zur Zelle D4. Wenn Sie die Markierung bis dahin erweitert haben, lassen Sie die linke Maustaste wieder los.

B4		fx	=B2+B3		

	A	B	C	D	E	F
1						
2	Wert A	300	400	100		
3	Wert B	200	300	800		
4	Ergebnis	500				
5						
6						

Abbildung 2.8: Markierung festheben und nach rechts ziehen.

Nach erfolgreichem Kopiervorgang sollte das Ganze wie in der nachfolgenden Abbildung 2.9 aussehen. Sie haben die Formeln kopiert und haben nun in den Zellen B4, C4 und D4 die entsprechenden Ergebnisse.

B4		fx	=B2+B3		

	A	B	C	D	E	F
1						
2	Wert A	300	400	100		
3	Wert B	200	300	800		
4	Ergebnis	500	700	900		
5						
6						

Abbildung 2.9: Das Ergebnis sollte nun wie folgt aussehen.

Auf den ersten Blick scheint Excel die Formeln beim Kopieren richtig angepasst zu haben. Schauen Sie sich die Formeln doch einmal genauer an bitte – indem Sie die entsprechenden Zellen einfach doppelklicken (nicht vergessen die Formeln immer mit der ENTER/RETRUN Taste oder dem roten x bzw. grünen Haken verlassen!). Gestartet haben wir in Zelle B4, mit der Formel

=B2+B2. Excel hat eine Spalte rechts daneben, selbständig ein =C2+C3 und wieder eine Spalte weiter, ein =D2+D3 gemacht. Wieso wurde aus B2 ein C2 ein D2 bzw. aus B3 ein C3 und ein D3? Weil Sie die Formel nach rechts kopiert haben und sich dadurch automatisch die Spaltenbezeichnung „erhöht" hat! Aus B wurde C, wurde D. Hätten Sie die Formel nach unten kopiert – wären zum Beispiel aus einem B2 ein B3 ein B4 usw. geworden!

H i n w e i s: Glückwunsch! Dies nennt man relativer Bezug. Die Formel ändert ihre Bezüge relativ zu ihrer Position (automatisch) - zum Beispiel beim Kopieren.

Doch nicht immer ist dies erwünscht – im Gegenteil – führt mitunter sogar zu dem einem oder anderem Fehler in den Berechnungen. Für unser zweites Beispiel löschen Sie bitte die Formeln in den Zellen B4, C4 und D4 und erweitern die Tabelle um die Zellen A6 und B6. Tragen Sie in B6 die Kommazahl 13,47 ein. Setzen Sie den Cursor wieder auf B4 und geben nachfolgende Formel ein =B2+B3-B6, welche Sie dann wiederum bestätigen.

SUMME	✕ ✓	fx =B2+B3-B6			
	A	B	C	D	E	F
1					
2	Wert A	300	400	100	
3	Wert B	200	300	800	
4	Ergebnis	=B2+B3-B6			
5					
6	Fixkosten	13,46			
7					

Abbildung 2.10: Tabelle und Formel um die Zelle Fixkosten erweitern.

Ziehen und kopieren Sie dann wieder die Formel nach rechts bis zur Zelle D4. Ihnen sollte sofort auffallen, dass hier etwas nicht stimmen kann. Das Ergebnis in Zelle B4 ist 486,53 – die Ergebnisse jedoch in den Zellen C4 und D4 sind Ganzzahlen – anscheinend wurden die Fixkosten gar nicht abgezogen.

B4		fx	=B2+B3-B6			
	A	B	C	D	E	F
1						
2	Wert A	300	400	100		
3	Wert B	200	300	800		
4	Ergebnis	486,54				
5						
6	Fixkosten	13,46				
7						

Abbildung 2.11: Markierung anfassen und Formel nach rechts ziehen.

Schauen wir uns die Formeln an. Doppelklicken Sie dazu auf die Zellen C4 und D4 und sehen sich an, was beim Kopieren passiert ist. Excel hat nicht nur den ersten Teil der Formel (B2+B3) angepasst – sondern auch unseren Bezug zu den Fixkosten (B6) nach „oben gezählt". Aus B2+B3 wurde am Ende D2+D3 – aber aus B6 wurde auch D6. Und da D6 eine leere Zelle ist ohne Wert, hat Excel einfach: =100+800-0 berechnet.

Aus der Formel:
=B2+B3-B6

Wurden die Formeln:
=C2+C3-C6
=D2+D3-D6

SUMME	▲▼	✕	✓	*fx*	=D2+D3-D6		
	A	B	C	D	E	F
1						
2	Wert A	300	400	100		
3	Wert B	200	300	800		
4	Ergebnis	486,54	700	=D2+D3-D6		
5						
6	Fixkosten	13,46				
7						

Abbildung 2.12: Der Zellbezug zu den Fixkosten wurde auch angepasst.

Der vordere Teil sollte sich beim Kopieren anpassen (relativer Bezug) – der Bezug zu den Fixkosten jedoch nicht – dieser müsste eigentlich fest verankert sein! Wir lösen dies im nächsten Beispiel. Löschen Sie erneut die Formeln in B4, C4 und D4. Setzen Sie den Cursor auf die Zelle B4 und geben die Formel nun erneut ein. Dabei setzen Sie vor dem B und vor der 7 ein Dollar Zeichen ($) – dieses Zeichen finden Sie auf Ihrer Tastatur, über der 4.

SUMME	▲▼	✕	✓	*fx*	=B2+B3-$B$6		
	A	B	C	D	E	F
1						
2	Wert A	300	400	100		
3	Wert B	200	300	800		
4	Ergebnis	=B2+B3-$B$6				
5						
6	Fixkosten	13,46				
7						

Abbildung 2.13: Zelle Fixkosten nun als absoluter Bezug mit Dollarzeichen.

Ihre neue Formel in der Zelle B4 lautet wie folgt:
=B2+B3-$B$6.

Bestätigen Sie die Formel und kopieren diese durch Ziehen wieder nach rechts bis zur Zelle D4. Die Ergebnisse sollten nun, im Gegensatz zum vorherigen Beispiel, stimmen. Klicken Sie sich doch einfach einmal durch die drei Formeln durch. Excel hat nun den vorderen Bereich, wie erwünscht, angepasst – nur die Zelle mit den Fixkosten – B6 – ist nun in allen drei Formeln fix geblieben.

D4		fx	=D2+D3-$B$6	
	A	B	C	D	E
1					
2	Wert A	300	400	100	
3	Wert B	200	300	800	
4	Ergebnis	486,54	686,54	886,54	
5					
6	Fixkosten	13,46			
7					

Abbildung 2.14: Absoluter Bezug auf B6, auch nach dem Kopieren.

Hinweis: Glückwunsch! Wird ein Bezug mit Dollar Zeichen fixiert, verändert dieser Bezug sich nicht beim Kopieren. Dies nennt man dann absoluter Bezug. In unserem Beispiel bedeutet ein $B$6, dass sich weder beim horizontalen (links, rechts) Kopieren die Spaltenbezeichnung B ändern wird, noch beim vertikalen (hoch, runter) Kopieren die Spaltennummer 6!

Hätten Sie den Bezug mit $B6 deklariert, würden Sie ausschließlich das Verändern des Spaltennamens verhindert. Bei einem B$6 schützen Sie ausschließlich die Zeilennummer vor Veränderungen beim Kopieren.

Absoluter Bezug	Auswirkungen beim Kopieren
$B$6	schützt Spaltenname und Zeilennummer
$B6	schützt nur die Spaltenbezeichnung
B$7	schützt nur die Zeilennummer

Abbildung 2.15: Absoluter Bezug in Excel.

Entdecken Sie also in Formeln und Funktionen Bezüge mit Dollarzeichen, bedeutet dies lediglich, dass es sich hier um einen absoluten Bezug handelt. Eventuell möchte der Ersteller der Formel also verhindern, dass beim Kopieren sich der oder die Bezüge verändern – und es dadurch sonst zu Falschberechnungen führen kann.

Denken Sie beim Kopieren und Verschieben von Formeln und Funktionen daran, Ihre Zellbezüge entsprechend anzupassen. Welche Zellbezüge sollen sich automatisch verändert, welche Zellbezüge dürfen sich auf keinen Fall anpassen.

Tipp: Sie können die Dollarzeichen auch recht schnell mit einem sogenannten Shortcut erzeugen. Setzen Sie in der Formelleiste (1) oben den Cursor einfach in den entsprechenden Zellbezug. Betätigen Sie dann die F4-Taste. Aus einem Bezug B6 wird dann automatisch ein $B$6 gemacht. Wenn Sie erneut die F4-Taste drücken wird daraus ein B$6, wird daraus ein $B6 und am Ende wieder ein relatives B6. Sie können also mit mehrfachem drücken der F4-Taste zwischen relativen und absoluten Bezug hin und her wechseln und so schnell und einfach die Dollarzeichen automatisch setzen lassen.

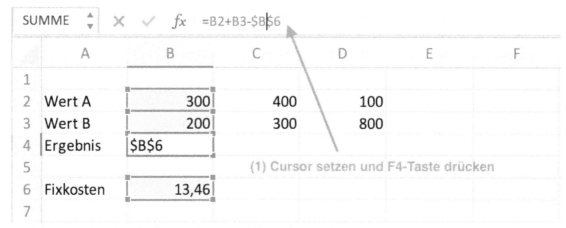

Abbildung 2.16: Mit der F4-Taste Dollarzeichen für absoluten Bezug setzen.

2.5 Was denn nun: Formel oder Funktion

Immer wieder werden Sie sicherlich die Sätze und Begriffe „da ist eine Formel" oder „da ist eine Funktion" hören. Wo genau unterscheiden sich genau eine Formel bzw. eine Funktion? Wann spricht man von einer Formel, wann von einer Funktion?

Hier zwei Beispiele für Formeln in Excel:
```
=(C1+C2+C3)*D1
```

```
=C1+C2+C3+C4+C5+C6+C7+C8+C9+C10
```

Das letzte Formelbeispiel zeigt sehr gut, dass Berechnungen mit Hilfe von Formeln mitunter zu umständlich sein können, oder sogar gar nicht möglich. Nehmen wir an, Sie müssen eine Zahlenkolonne von C1 bis C100 addieren. Mit einer Formel möglich (=C1+C2+C3... +C100) – aber umständlich. Oder

Sie wollen aus einem Zahlenbereich sich immer die kleinste Zahl berechnen und anzeigen lassen – mit Formeln nicht möglich.

Hier ein Beispiel für eine Funktion, zur Berechnung mehrerer Werte in einem Zellbereich – die Summenfunktion. Diese Funktion berechnet alle Werte zwischen der Zelle C1 und der Zelle C10.

```
=SUMME(C1:C10)
```

Diese Funktion berechnet Ihnen die kleinste Zahl in dem angegebenen Zellbereich von C1 bis C10.

```
=MIN(C1:C10)
```

Hinweis: Eine Funktion übernimmt in Excel eine bestimmte Funktion. Eine Funktion hat genau eine Funktion – die eierlegende Wollmilch- sau gibt es nicht. Die eben erwähnte Summen-Funktion übernimmt die Summierung von Werten in einem Zellbereich. Sie ist eine Summen-Funktion und kann nichts Anderes als summieren. Die Min-Funktion berechnet die kleinste Zahl aus einem Zellbereich. Und so bietet Excel Ihnen eine Fülle an speziellen Funktionen. Im Laufe dieses Buchs werden Sie die wichtigsten Funktionen je nach Themengebiet unterteilt kennenlernen.

2.6 Aufbau und Logik von Funktionen

Funktionen sind nach einer gewissen Logik aufgebaut und beinhalten bestimmte Zeichen: die Klammern, den Doppelpunkt und das Semikolon. Kommen wir nochmals zu unserem Summen Beispiel. Sie möchten eine Zahlenkolonne von Zelle C1 bis Zelle C10 berechnen.

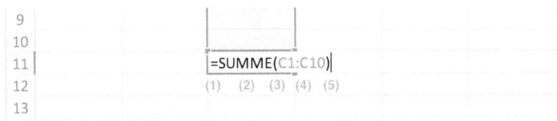

Abbildung 2.17: Aufbau einer Excel Funktion.

(1) Jede Funktion startet mit einem Gleichheitszeichen. Immer!

(2) Dann folgt der Name der Funktion. Ob Sie den Namen Groß- oder Klein-schreiben ist egal. Dies spielt für die Funktionalität keine Rolle.

(3) Nach einem Funktionsnamen folgt immer die Klammer auf.

(4) Dann geben Sie die Zelle oder den Zellbereich an, welcher berechnet werden soll.

(5) Die Funktion und der zu berechnende Bereich wird wieder mit einer „Klammer zu" abgeschlossen. Merke: Die Anzahl der öffnenden Klammern, muss eine gleiche Anzahl an schließenden Klammern haben.

Unsere Summen-Funktion:
`=SUMME(C1:C10)`

Liest sich wie folgt:
`Zelle C11 ist gleich die SUMME aus dem Bereich von`
`C1 bis C10.`

Wichtig: Der Doppelpunkt im Bereich C1:C10 entspricht einem BIS. Berechne mir den Wert von C1 BIS C10. Ein Semikolon in einer Funktion bedeutet dagegen so etwas wie ein UND – wenn Sie zum Beispiel mehrere Bereiche berechnen wollen.

In dem nachfolgenden Beispiel soll unsere Summen-Funktion mehrere voneinander getrennte Zellbereiche berechnen. Die Funktion lässt sich wie folgt lesen: Zelle C11 ist gleich die SUMME aus C1 **bis** C10 **und** D1 **bis** D10 **und** E1 **bis** E10.

Abbildung 2.18: Bereiche können mit einem Semikolon getrennt werden.

Unsere Summen-Funktion:
`=SUMME(C1:C10;D1:D10;E1:E10)`

Liest sich wie folgt:
```
Zelle C11 ist gleich die SUMME aus dem Bereich von
C1 bis C10 und D1 bis D10 und E1 bis E10.
```

Tipp: Sie müssen weder die Zellbereiche noch die Doppelpunkte oder Semikolon unbedingt von Hand eingeben. Nachdem Sie „=SUMME(„ eingetippt haben, können Sie den Zellbereich einfach mit der Maus markieren (linke Maustaste gedrückt halten). Excel trägt Ihnen dann den Zellbereich automatisch inklusive Doppelpunkt ein. Auch mehrere Bereiche können so in die Funktion integriert werden. Markieren Sie mit der linken Maustaste gedrückt den ersten Zellbereich, den Sie berechnen möchten. Halten Sie nun die COMMAND-Taste gedrückt und markieren den zweiten, dritten, vierten, etc. Bereich. Excel trägt die benötigten Semikolon selbst ein.

Tipp: Funktionsnamen müssen nicht komplett von Hand eingegeben werden. Geben Sie die ersten Buchstaben des Namens ein, erhalten Sie von

Excel Vorschläge. Sie können die Auswahl mit der Pfeil hoch und runter Tasten durchgehen und den entsprechenden Eintrag mit der TAB-Taste bestätigen.

10	
11	=SU
12	Zuletzt verwendet
13	SUMME
14	SUMMEWENN
15	Funktionen
16	SUCHEN
17	SUMME
18	SUMMENPRODUKT
19	SUMMEWENN
20	SUMMEWENNS
21	SUMMEX2MY2
22	SUMMEX2PY2
23	SUMMEXMY2

Abbildung 2.19: Namensvervollständigung bei Excel Funktionen.

2.7 Formeln und Funktionen verschachteln

Wie in Kapitel 2.3 aufgezeigt, kann es manchmal erforderlich sein, Formeln oder Funktionen zu verschachteln. Wichtig sind dabei zwei Dinge: a) arbeiten Sie sich gedanklich von Innen nach Außen und b) denken Sie immer daran, eine Klammer auf, bedeutet auch zwangsläufig eine schließende Klammer für den entsprechenden Block. Hier erst einmal ein einfaches Beispiel mit festen Zahlen (den Abstand zwischen den Werten habe ich absichtlich für eine bessere Lesbarkeit eingefügt):

```
=( ( (3+3) * (2+2) ) + 5)
```

Würde gedanklich bedeuten:

= (((6) * (4))   + 5)

Würde gedanklich bedeuten:

= ((24) + 5)

Bei Funktionen würde dies wie folgt aussehen (wobei nachfolgendes Beispiel keinen logischen Sinn macht, soll aber nur ein Beispiel für eine Funktion in einer Funktion verdeutlichen:

```
=SUMME( SUMME(B1:B10) ; SUMME(C1:C10) )
```

Hier wird erst die Summe aus B1 bis B10 berechnet und die Summe aus C1 bis C10 und erst danach die Summe aus beiden (Zwischen-)Summen errechnet. Sehen Sie verschachtelte Funktionen immer von Innen nach Außen. Anmerkung: Richtigerweise wäre natürlich gewesen: =SUMME(B1:B10;C1:C10) - aber unser Beispiel soll ja nur eine mögliche Verschachtelung aufzeigen.

Ich greife etwas mit der Min-Funktion vor (die Min-Funktion gibt Ihnen aus einem Bereich den kleinsten Wert zurück). In nachfolgendem Beispiel haben Sie mit B1:B10 und D1:D10 zwei Bereiche, aus denen Sie den jeweils kleinsten Wert addieren möchten. Dann sehe die verschachtelte Funktion wie folgt aus:

```
=SUMME( MIN(B1:B10) ; MIN(D1:D10) )
```

Hier wird also erst der kleinste Wert aus B1 bis B10 und D1 bis D10 errechnet – danach werden beide Werte summiert. Beachten Sie das jede Funktion Ihre eigene öffnende und schließende Klammer hat.

```
=SUMME(   (150000)  ;  (190000)  )
```

2.8 Tipp: Funktionsbereiche vergrößern oder verkleinern

Wenn Sie einen Bereich für eine Funktion definiert haben, können Sie diesen manuell verändern – oder einfach mit der Maus vergrößern bzw. verkleinern. Nehmen wir an - Sie haben eine Funktion: =SUMME(B2:B3) definiert. Nun sind in B4 und B5 weitere Werte dazugekommen. Excel erweitert Ihre Funktion nicht automatisch!

Setzen Sie den Cursor auf die Zelle mit der Funktion und korrigieren Sie den Bereich entweder händisch von B2:B3 auf B1:B5 – oder Sie fassen mit der Maus die kreisrunde Markierung an und ziehen den Bereich (linke Maustaste gedrückt halten – während Sie ziehen) soweit wie benötigt nach unten. Haben Sie in Ihrer Funktion zwei oder mehr Bereiche – zum Beispiel =SUMME(B1:B10;C1:C10) – dann klicken Sie innerhalb der Funktion erst auf den farblich markierten Bereich und ziehen dann erst den farblich entsprechend markierten Zellbereich größer oder kleiner.

In unserem Beispiel (siehe Abbildung 2.20) hat die Summen-Funktion zwei Bereiche – der Letzte soll von C2:C3 auf C2:C5 erweitert werden. Markieren Sie erst innerhalb der Funktion C2:C3 durch Anklicken mit der Maus (1) und ziehen dann den farblich passenden Zellbereich größer (2). Excel trennt die einzelnen Bereiche auch farblich voneinander, so dass Sie sehr gut erkennen können, welchen Zellbereich Sie gerade bearbeiten.

	A	B	C	D	E	F
			fx	=SUMME(B2:B3;C2:C3)		

SUMME ⌃⌄   ✕ ✓ fx =SUMME(B2:B3;C2:C3)

	A	B	C	D	E	F
1		**Umsatz A**	**Umsatz B**			
2		300	300			
3		200	200			
4			100	(2)		
5			300 ↓			
6						
7	**Gesamt:**	=SUMME(B2:B3;C2:C3)◀——————— (1)				
8		SUMME(Zahl1; [Zahl2]; [Zahl3]; ...)				
9						

Abbildung 2.20: Funktionsbereiche in Excel vergrößern und verkleinern.

Der Excel-Hilfe-Assistent zeigt Ihnen – wenn auch nicht immer 100% zuverlässig – innerhalb Ihrer Tabelle auch an, wenn nicht alle angrenzenden Zellen in Ihrer Funktion aufgenommen sind. Einmal als grünes Dreieck innerhalb der Zelle, aber auch als gelbes Warndreieck. Übernehmen Sie jedoch nicht automatisch die Empfehlung. Vergrößern Sie Bereiche am besten manuell selbst.

6			
7	**Gesam**	! ▾	1000
8		ⓘ Die Formel schließt nicht alle angrenzenden Zellen ein.	
9			
10		Bezug erweitern, um Zellen einzuschliessen	
11		Hilfe zu diesem Fehler anzeigen	

Abbildung 2.21: Der Excel-Hilfe-Assistent meldet sich zu Wort.

2.9 Tipp: Funktionen als Text darstellen

Sei es zur Dokumentation, sei es zur besseren Übersicht – Sie können sich Funktionen auch als reinen Text anzeigen lassen (und rückwirkend wieder als berechneten Wert). Gehen Sie dazu einfach im oberen Menüband auf die Registerkarte „Formeln" und klicken dann auf den Button „Formeln anzeigen". Alle Formeln und Funktionen werden nun als reiner Text angezeigt. Ein erneuter Klick auf das Menü schaltet wieder auf Formel- und Funktionsberechnungen um.

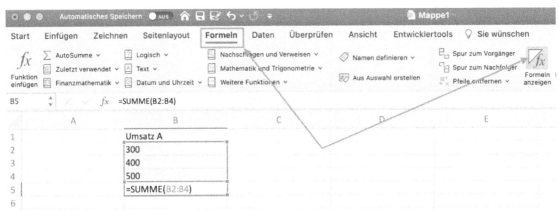

Abbildung 2.22: Formeln- und Funktionen als Text anzeigen lassen.

Ti pp: Mit dem Menü „Formeln anzeigen" werden alle Formeln- und Funktionen als reiner Text angezeigt. Möchten Sie nur Zellen als Text sich anzeigen lassen, können Sie dies mit einem Zeichen erreichen. Klicken Sie in die Zelle mit einer beliebigen Formel oder Funktion. Setzen Sie den Cursor vor das Gleichheitszeichen und geben nun ein `-Zeichen ein – das Symbol, welches über der #-Taste ist (SHIFT + #). Bestätigen Sie die Eingabe mit der ENTER/RETURN Taste.

B5		fx	'=SUMME(B2:B4)		
	A	B	C	D	E
1		Umsatz A			

Abbildung 2.23: Formel und Funktion als Text „umwandeln".

2.10 Tipp: Hilfe zu Funktionen anzeigen lassen

Möchten Sie sich von Excel zu einer Funktion helfen lassen, geht dies sehr einfach. Geben Sie die entsprechende Funktion ein. Danach klicken Sie auf das „fx"-Symbol in der Formelbearbeitungsleiste.

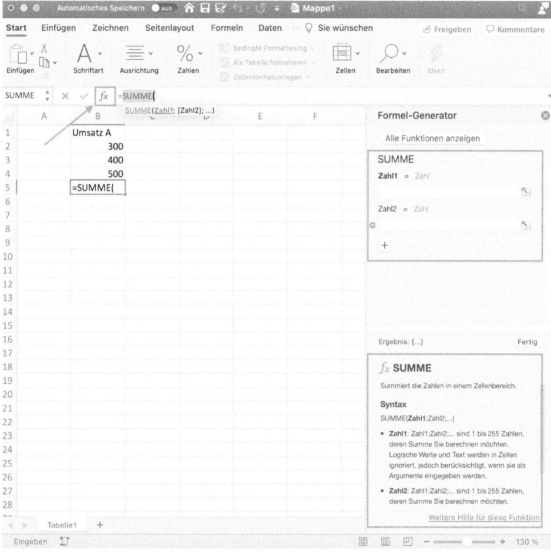

Abbildung 2.24: Funktionshilfeassistent in Excel.

Auf der rechten Seite öffnet sich nun der Hilfe Assistent für Excel Funktionen. Im oberen Bereich können Sie mittels Assistent die einzelnen Bereiche festlegen. Im unteren Bereich erhalten Sie weitere Hilfen und Beispiele zur jeweiligen Funktion.

2.11 Tipp: Wenn es doch nicht so klappt

Haben Sie eine Funktion erstellt, schließen Sie diese wie gehabt mit der ENTER/RETURN Taste ab (bzw. durch anklicken des grünen Hakens). Normalerweise sollte ein entsprechendes Ergebnis in der Zelle stehen – oder es kommt zu einer Fehlermeldung. Doch was bedeuten diese Fehlermeldungen und wie reagieren Sie darauf?

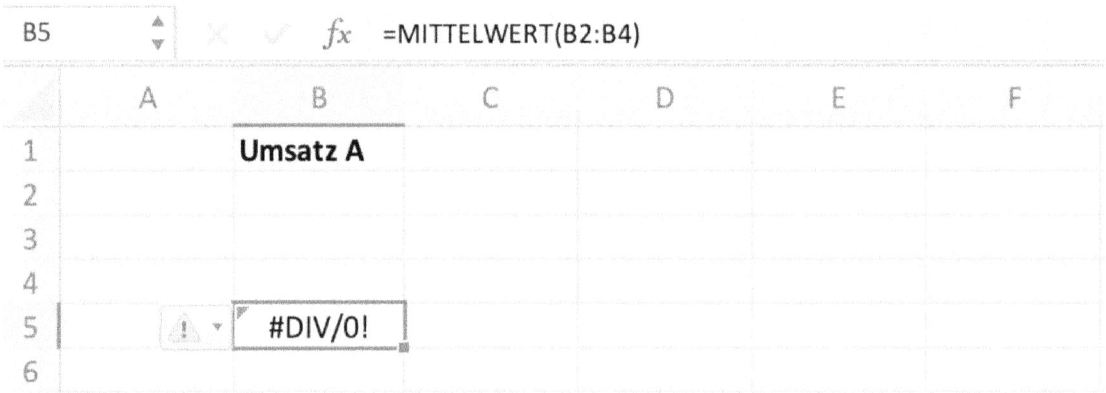

Abbildung 2.25: Fehlermeldung in Excel.

Im oben abgebildeten Beispiel befindet sich in Zelle C5 die Funktion: =MITTELWERT(B2:B4). Da in den Zellen B2 bis B4 jedoch keine Werte enthalten sind, kommt es zu einem „Division durch null" Fehler.

Im Beispiel der Abbildung 2.26 wurde die Min-Funktion versehentlich mit einem „N" zu viel geschrieben – entsprechend fällt die Fehlermeldung aus. Leider sind die Fehlermeldungen in Excel nicht immer sofort sinnig und damit verständlich zu lesen. Hier hilft nur, in Ruhe Schritt für Schritt die Funk- tion zu analysieren und auf Fehler zu prüfen.

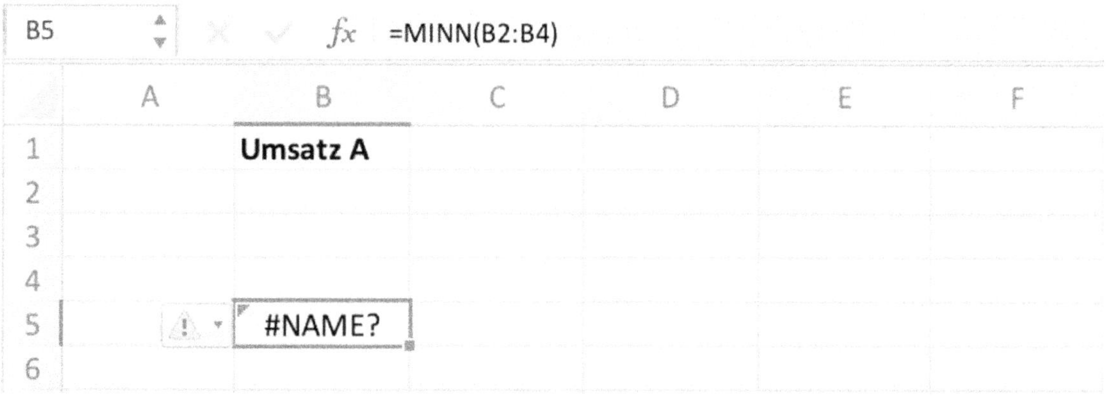

Abbildung 2.26: Fehlermeldung in Excel.

Die häufigsten Fehlermeldungen sind vor allem (am Anfang) **#NAME?** und **#WERT?** – wenn Sie erstere Fehlermeldung angezeigt bekommen, schauen Sie bitte vor die Klammern. Sie haben einen Funktionsnamen verwendet, wel- cher nicht existiert bzw. haben sich einfach verschrieben (Schreibfehler). Wenn Sie die zweite Fehlermeldung bekommen – schauen Sie bitte in die Klammern. Sie versuchen gerade, mit Zellbezügen einen Wert zu berechnen – welcher mathematisch nicht möglich ist. Vielleicht versuchen Sie, den Text aus Zelle B3 mit dem Datum aus Zelle D7 zu teilen. Hier eine kleine Über- sicht.

Fehlermeldung	Bedeutung
#NAME?	Funktionsname nicht erkannt
#WERT?	Wert konnte nicht berechnet werden
#DIV/0!	Division durch null Fehler
#NV	Nicht vorhanden

Tipp: Schreiben Sie Funktionsnamen doch einfach immer grundsätzlich klein! Wenn nach Abschluss der Eingabe die Funktion von Excel nicht automatisch in Großbuchstaben umgewandelt wird – wissen Sie sofort, wo der Fehler lieg!

SUMME	⬍	✕	✓	fx	=summe(A1:A4)		
	A	B	C	D	E	F
1	200	=summe(A1:A4)				
2	300					

Abbildung 2.27: Geben Sie den Namen komplett in Kleinbuchstaben ein.

B1	⬍	✕	✓	fx	=SUMME(A1:A4)		
	A	B	C	D	E	F
1	300	1200				
2	200					

Abbildung 2.28: Funktionsname in Großbuchstaben von Excel umgewandelt.

Nun geben wir absichtlich den Funktionsnamen falsch ein, statt einem SUMME tippen wir in Kleinbuchstaben den Namen SUMGE ein und bestätigen dies mit der ENTER/RETURN Taste.

SUMME	⬍	✕	✓	fx	=sumge(A1:A4)		
	A	B	C	D	E	F
1	300	=sumge(A1:A4)				
2	200					

Abbildung 2.29: Falsch eingegebener Funktionsname.

B1		fx	=sumge(A1:A4)			
	A	B	C	D	E	F
1	300	#NAME?				
2	200					

Abbildung: 2.30: Fehlermeldung und kleingeschriebener Funktionsname.

Dies ist besonders später bei verschachtelten Funktionen sehr hilfreich. Natürlich zeigt Ihnen die Fehlermeldung #NAME? das einer der Namen nicht richtig ist – doch welcher ist es? In der nachfolgenden Abbildung 2.31 können Sie nach der Eingabe erkennen, dass der Fehler am letzten Funktionsnamen liegt – er ist der Einzige, welche nicht in Großbuchstaben von Excel umgewandelt wurde.

B1		fx	=SUMME(MIN(A1:A2);mag(A3:A4))			
	A	B	C	D	E	F
1	300	#NAME?				
2	200					

Abbildung 2.31: Hilfe bei falsch geschriebenen Funktionsnamen.

        Tipp: Gibt es auch eine Hilfe bei #WERT? Fehlermeldungen? Ja – dies können Sie mit dem sogenannten Formeldetektiv nachprüfen.

Im nachfolgenden Beispiel (Abbildung 2.32) haben wir zwei Spalten A und B, welche wir mit der Funktion SUMME addieren möchten. Zuerst summieren wie die Bereiche A2 bis A4 und B2 bis B4. Danach multiplizieren wir das Zwischenergebnis mit dem Multiplikator aus Zelle C2. Die Funktion sollte wie folgt aussehen: =SUMME(A2:A4;B2:B4)*C2

Nach der Eingabe erhalten wir jedoch eine #WERT? Fehlermeldung. Wir begutachten die Funktion, sehen aber vor lauter Wald die Bäume nicht und können den Fehler nicht entdecken.

A7			fx	=SUMME(A2:A4;B2:B4)*C1			
	A	B	C	D	E	F
1	Wert A	Wert B	Multiplikator			
2	300	200	3			
3	500	300				
4	600	400			?	
5						
6						
7	#WERT!	⚠				
8						

Abbildung 2.32: Unsere Funktion erzeugt einen #WERT? Fehler.

Sie sehen neben der #WERT? Fehlermeldung ein gelbes Dreieck mit Ausrufezeichen. Klicken Sie mit der linken Maustaste darauf.

6		
7	#WERT!	! ▾
8		ℹ Fehler in Wert
9		
10		Hilfe zu diesem Fehler anzeigen
11		Spur zum Fehler
12		Fehler ignorieren

Abbildung 2.33: Fehlerassistent in Excel.

Wählen Sie hier nun „Spur zum Fehler" in dem Ihnen nun angebotenen Kontextmenü aus. Excel blendet nun sogenannte Formel-Detektiv-Pfeile für Sie ein. Diese zeigen Ihnen an, mit welchen Zellbereichen und Zellen Ihre Funktion arbeitet. Wir sehen nun auch sofort – dass wir nicht mit der Zelle C2 als Multiplikator arbeiten, sondern mit der Zelle C1 – einem Text. Und es so natürlich zur Fehlermeldung kommt.

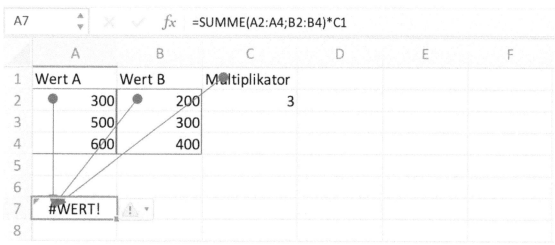

Abbildung 2.34: Funktionspfeile als Hilfe.

Nun können Sie Ihre Funktion entsprechend anpassen. Die Pfeile bekommen Sie übrigens wieder ausgeblendet, indem Sie in die Registerkarte „Formeln" wechseln und dort das Menü „Pfeile entfernen" anklicken.

Abbildung 2.35: Pfeile wieder ausblenden.

Eine weitere generelle Hilfe kann das Kontextmenü „Hilfe zu diesem Fehler anzeigen" sein. Klicken Sie erneut auf das gelbe Dreieck mit Ausrufezeichen. Es öffnet sich erneut das Hilfemenü. Wählen Sie nun das angesprochene Kontextmenü auf. Es öffnet sich ein neues Fenster mit einem Hilfetext.

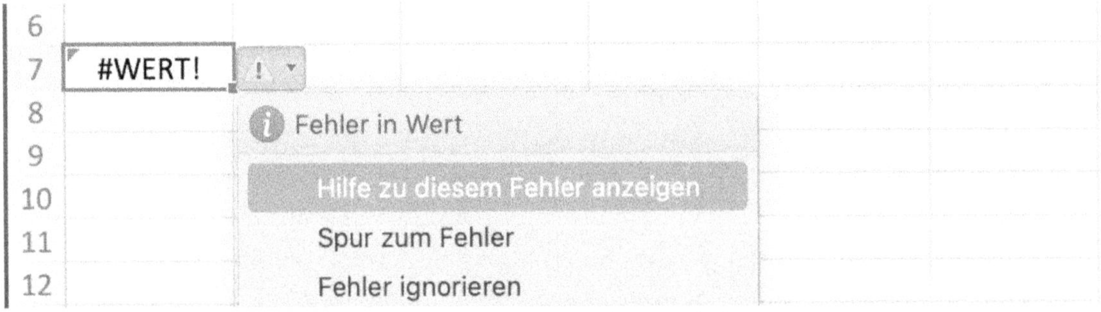

6			
7	#WERT!	! ▾	
8		ⓘ Fehler in Wert	
9			
10		Hilfe zu diesem Fehler anzeigen	
11		Spur zum Fehler	
12		Fehler ignorieren	

Abbildung 2.36: Aufruf der Excel-Fehlerhilfe für Funktionen.

Allerdings ist die angebotene Hilfe nicht immer sinnig oder sofort schlüssig. Bewahren Sie bei fehlerhaften Funktionen einen kühlen Kopf, gehen eine Tasse Kaffee trinken oder lassen den Kollegen / die Kollegin drüber schauen – sehr oft liegen die Ursachen in kleinen Flüchtigkeitsfehlern. Etwas Ablenkung oder die Augen des Anderen helfen hier bei der Problemlösung.

Kapitel 3 - Standard Funktionen in Excel

3.1 Die ersten Standard-Funktionen

In diesem Kapitel möchte ich Ihnen die sogenannten Standard-Funktionen zeigen. Die Summen-Funktion haben Sie ja bereits im vorherigen Kapitel kennengelernt. Dazu benötigen wir wieder eine Beispieltabelle, welche Sie bitte wie nachfolgend Abbildung 3.1 erstellen.

M12		fx				
	A	B	C	D	E	F
1		**Umsätze**		Summe:		
2	**Bereich A**	120000		Durchschnitt:		
3	**Bereich B**	X		Kl. Wert:		
4	**Bereich C**	190000		Gr. Wert:		
5	**Bereich D**			Anzahl:		
6	**Bereich E**	240000		Anzahl2:		
7						

Abbildung 3.1: Beispieltabelle für die ersten Standard-Funktionen.

Wir haben hier eine Auflistung unserer Umsätze für das letzte Geschäftsjahr im Bereich A bis Bereich E unterteilt. In Zelle B3 haben wir einen Text, ein X, eingetragen, da hier keine Umsätze stattgefunden haben. In Zelle B5 wurde nichts eingetragen und damit die Zelle frei gelassen. Berechnen möchten wie die Gesamtsumme, den Durschnittumsatz aus allen Bereichen, den geringsten und den größten Umsatz, sowie die Anzahl der Umsätze an sich.

3.2 Die Summen-Funktion

Starten wir mit der Summen-Funktion und damit der Berechnung des Gesamt-umsatzes. Setzen Sie den Cursor auf die Zelle E2 und geben direkt =SUM-ME(B2:B6) ein (Alternativ: Wählen Sie SUMME aus dem Namensvorschlag aus und markieren mit der Maus den Bereich B2 bis B6). Bestätigen Sie die Eingabe wie gehabt.

SUMME		f_x	=SUMME(B2:B6)		
	A	B	C	D	E	F
1		**Umsätze**		Summe:	=SUMME(B2:B6)	
2	**Bereich A**	120000		Durchschnitt:		
3	**Bereich B**	X		Kl. Wert:		
4	**Bereich C**	190000		Gr. Wert:		
5	**Bereich D**			Anzahl:		
6	**Bereich E**	240000		Anzahl2:		
7						

Abbildung 3.2: Summen-Funktion in Excel.

Als Ergebnis erhalten wir den Wert 550000. Unsere Funktion hat die Summe aus den Zellen B2 bis B6 berechnet. Alternativ hätte man hier natürlich auch die Formel: =B2+B3+B4+B5+B6 verwenden können. Die Verwendung einer Funktion ist jedoch weitaus praktikabler.

Hinweis: Die Summen-Funktion summiert einen oder mehrere Bereiche. Soll mehr als ein Bereich summiert werden, geschieht dies mit dem Trenner Semikolon (nicht durch ein + Zeichen!) – siehe auch unsere vorheri-gen Beispiele.

3.3 Die Mittelwert-Funktion

Schauen wir uns nun die Mittelwert-Funktion an. Wir möchten den Durchschnitt aller Bereiche berechnen. Dazu setzen wir den Cursor wieder auf die Zelle E3 und geben direkt die Funktion =MITTELWERT(B2:B6) ein. Bitte bestätigen Sie erneut die Eingabe entsprechend.

	SUMME		f_x	=MITTELWERT(B2:B6	
	A	B	C	D	E	F
1		Umsätze		Summe:	550000	=SUMME(B2:B6)
2	Bereich A	120000		Durchschnitt:	=MITTELWERT(B2:B6	
3	Bereich B	X		Kl. Wert:	MITTELWERT(Zahl1; [Zahl2]; ...)	
4	Bereich C	190000		Gr. Wert:		
5	Bereich D			Anzahl:		
6	Bereich E	240000		Anzahl2:		
7						

Abbildung 3.3: Mittelwert-Funktion in Excel.

Als Ergebnis erhalten wir den Wert 183333,3333 als Durchschnittsumsatz. Doch wie hat Excel diesen Wert berechnet? Es wurden alle Umsätze addiert und dann durch die Anzahl der Zahlen dividiert. Excel hat die Umsätze 120000, 190000 und 240000 addiert und dann durch 3 geteilt! Es wurde nicht durch 4 geteilt – weil in Zelle B5 kein Wert steht. Tragen Sie in Zelle B5 einmal eine 0 ein. Sie werden ein anderes Ergebnis bekommen.

W i c h t i g : Excel verwendet bei der Mittelwert-Funktion bei der Division nur Zellen, welche auch einen Zahlenwert beinhalten! Es macht daher einen Unterschied, ob die Zelle leer ist oder eine 0 beinhaltet. Bitte beachten Sie dies!

T i p p : In diesem Beispiel erkennt man auch den Vorteil einer Funktion gegenüber einer Formel. Wir hätten den Durchschnitt auch mit

=(B2+B3+B4+B5+B6)/6 berechnen können. Aber nur, wenn in allen 6 Zellen jeweils Zahlenwerte gewesen wären. Ansonsten müsste jedes Mal die Formel händisch angepasst werden – von /6 in /5 etc. Bei der Verwendung der Mittelwert Funktion achtet Excel für uns auf die Anzahl der Zellen, welche einen Zahlenwert beinhalten.

3.4 Die Min-Funktion

Als Nächstes interessiert uns der kleinste Umsatz in unserer Tabelle. Welcher Bereich hat dieses Jahr den kleinsten Umsatz generiert? Setzen Sie nun den Cursor bitte auf E4 - und geben direkt die Funktion =MIN(B2:B6) ein. Bestätigen Sie die Eingabe entsprechend.

SUMME	⬍	×	✓	fx	=MIN(B2:B6	
	A	B	C	D	E	F
1		Umsätze		Summe:	550000	=SUMME(B2:B6)
2	Bereich A	120000		Durchschnitt:	183333,3333	=MITTELWERT(B2:B6)
3	Bereich B	X		Kl. Wert:	=MIN(B2:B6	
4	Bereich C	190000		Gr. Wert:	MIN(Zahl1; [Zahl2]; ...)	
5	Bereich D			Anzahl:		
6	Bereich E	240000		Anzahl2:		
7						

Abbildung 3.4: Min-Funktion in Excel.

Als Ergebnis erhalten wir den Umsatz von 120000 aus der Zelle B2. Auch hier nimmt Excel nicht die leere Zelle ohne Zahlenwert. Würde in B5 der Wert eine 0 sein – wäre dies der kleinste Wert. Mit einer normalen Formel wäre es nicht möglich gewesen, den kleinsten Wert aus einem Bereich heraus zu holen. Daher ist es, bei manchen Aufgabenstellungen, unabdingbar auf Funktionen zurück zugreifen.

3.5 Die Max-Funktion

Wenn es eine Min-Funktion gibt – gibt es sicherlich auch eine Max-Funktion, welche uns den größten Zahlenwert aus einem Bereich zurückgibt. Setzen Sie den Cursor bitte auf die Zelle E5 und geben direkt die Funktion =MAX(B2:B6) ein. Bestätigen Sie die Eingabe.

	A	B	C	D	E	F
		Umsätze		Summe:	550000	=SUMME(B2:B6)
1						
2	Bereich A	120000		Durchschnitt:	183333,3333	=MITTELWERT(B2:B6)
3	Bereich B	X		Kl. Wert:	120000	=MIN(B2:B6)
4	Bereich C	190000		Gr. Wert:	=MAX(B2:B6)	
5	Bereich D			Anzahl:		
6	Bereich E	240000		Anzahl2:		
7						

Abbildung 3.5: Max-Funktion in Excel.

Als Ergebnis erhalten wir den Umsatz 240000 aus der Zelle B6, welches der höchste Umsatz aus unserem Bereich ist. Auch diesen Wert hätten wir mit einer einfachen Formel nicht ermitteln können. Hätten wir mehrere Umsätze in dieser Höhe in der Beispieltabelle gehabt – wäre das Ergebnis ebenso 240000 – allerdings zeigt uns Excel nicht an, welches der 240000 verwendet wurde. Dies ist leider nicht möglich.

3.6 Die Anzahl-Funktion

Als Nächstes wollen wir herausfinden, wie viele Umsätze in diesem Jahr generiert wurden – also deren Anzahl. Dazu bietet uns Excel die Anzahl-Funktion. Setzen Sie bitte den Cursor in die Zelle E6 und geben direkt die Funktion =ANZAHL(B2:B6) ein. Bestätigen Sie die Eingabe erneut.

Als Ergebnis erhalten wir von Excel die Anzahl 3. In unserem Bereich wurden also nicht das X in Zelle B3, noch die leere Zelle B5 in die Zählung mit aufgenommen. Anders sieht es aus, wenn wir in B5 eine 0 eintragen. Dann erhöht sich der errechnete Wert auf 4.

SUMME		× ✓	f_x	=ANZAHL(B2:B6)	
	A	B	C	D	E	F
1		**Umsätze**		Summe:	550000	=SUMME(B2:B6)
2	**Bereich A**	120000		Durchschnitt:	183333,3333	=MITTELWERT(B2:B6)
3	**Bereich B**	X		Kl. Wert:	120000	=MIN(B2:B6)
4	**Bereich C**	190000		Gr. Wert:	240000	=MAX(B2:B6)
5	**Bereich D**			Anzahl:	=ANZAHL(B2:B6)	
6	**Bereich E**	240000		Anzahl2:		
7						

Abbildung 3.6: Anzahl-Funktion in Excel.

3.7 Die Anzahl2-Funktion

Vielleicht haben Sie bei der Eingabe der Anzahl-Funktion bemerkt, dass es noch eine weitere fast identische Funktion gibt: ANZAHL2. Setzen Sie den Cursor ein letztes Mal bitte auf die Zelle E7 und geben direkt die Excel-Funktion =ANZAHL2(B2:B6) ein. Bestätigen Sie erneut die Eingabe und schauen sich nun diesen errechneten Wert an.

Als Ergebnis erhalten wir diesmal den Wert 4. Die Anzahl2-Funktion zählt alle Zellen, welchen irgendeinen Wert in der Zelle besitzen. Dabei ist es egal, ob es sich um einen Text, Zahlen, Datum etc. Wert handelt. Leere Zellen werden dennoch ignoriert.

Achten Sie bei der Verwendung der Funktionen ANZAHL und ANZAHL2 genau auf den Verwendungszweck für Ihre Tabelle und welche Ergebnisse Sie mit Ihren Auswertungen bezwecken.

SUMME	fx	=ANZAHL2(B2:B6)			

	A	B	C	D	E	F
1		**Umsätze**		Summe:	550000	=SUMME(B2:B6)
2	**Bereich A**	120000		Durchschnitt:	183333,3333	=MITTELWERT(B2:B6)
3	**Bereich B**	X		Kl. Wert:	120000	=MIN(B2:B6)
4	**Bereich C**	190000		Gr. Wert:	240000	=MAX(B2:B6)
5	**Bereich D**			Anzahl:	3	=ANZAHL(B2:B6)
6	**Bereich E**	240000		Anzahl2:	=ANZAHL2(B2:B6)	
7						

Abbildung 3.7: Anzahl2-Funktion in Excel.

Hinweis: Anzahl zählt Ihnen alle Zellen in einem Bereich, welche einen Zahlenwert beinhalten. Anzahl2 zählt Ihnen alle Zellen in einem Bereich, welche irgendeinen Wert als Inhalt besitzen.

Wichtig: Ein Datum in einer Zelle gilt als numerischer Wert und wird daher mitgezählt. Geben Sie testweise in Zelle B5 das Datum 01.01.2020 ein – Sie werden sehen, dass sowohl die Funktionen Anzahl, als auch Anzahl2 Ihnen als Ergebnis nun die 4 und die 5 liefern!

3.8 Übersicht der Standard-Funktionen

Sie haben nun die sechs sogenannten Standard-Funktionen kennengelernt. Hier nochmals zusammengefasst eine kleine Übersicht der eben verwendeten Funktionen.

Name	Funktion
SUMME(...)	Summieren von Werten
=MITTELWERT(...)	Durchschnittsberechnung aus Werten

=MIN(...)	Kleinster Wert aus Zellbereichen
=MAX(...)	Größter Wert aus Zellbereichen
=ANZAHL(...)	Anzahl Zahlenwerte aus Zellbereichen
=ANZAHL2(...)	Anzahl gefüllter Zellen aus Bereichen

Abbildung 3.8: Übersicht der Excel-Standard-Funktionen.

	A	B	C	D	E	F	G
1		Umsätze		Summe:	550000	=SUMME(B2:B6)	
2	Bereich A	120000		Durchschnitt:	183333,3333	=MITTELWERT(B2:B6)	
3	Bereich B	X		Kl. Wert:	120000	=MIN(B2:B6)	
4	Bereich C	190000		Gr. Wert:	240000	=MAX(B2:B6)	
5	Bereich D			Anzahl:	3	=ANZAHL(B2:B6)	
6	Bereich E	240000		Anzahl2:	4	=ANZAHL2(B2:B6)	
7							

Abbildung 3.9: Standard-Funktionen in Aktion.

Diese sogenannten Standard-Funktionen finden sich in Excel in verschiedenen Bereichen wieder, wie Sie in den nächsten zwei Kapitel sehen werden.

3.9 Excel Ergebnis Schnellleiste

Nicht allen Anwendern fällt auf den ersten Blick die Funktionsschnellleiste mit Ihren Ergebnissen am unteren Rand des Excel-Anwenderfensters auf. Markieren Sie doch bitte einmal mit der Maus den Bereich der Zellen B2 bis B6 in unserer eben erstellten Beispieltabelle. Nun wandern Sie mit den Augen herunter bis zur Fußleiste des Excel Programmfenster. Sie sehen hier die Standard Funktionen Mittelwert, Anzahl und Summe – welche Ihnen alleine durch das Markieren die entsprechenden Ergebnisse berechnen und hier in der Statusleiste anzeigen.

Wenn Sie nun mit der rechten Maustaste auf die Statusleiste klicken, öffnet sich ein weiteres Kontextmenü. Hier können Sie noch weitere Funktionen als Standardanzeige aktivieren.

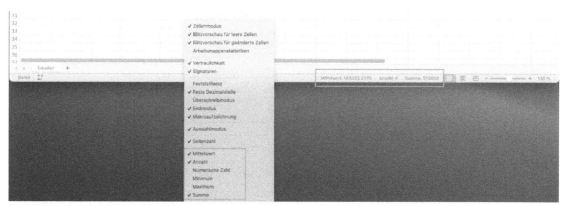

Abbildung 3.10: Schnellberechnung in der Excel-Statusleiste.

Tipp: Die angezeigten Schnellberechnungen durch Markierungen haben auch einen weiteren Vorteil. So können Sie einen bestimmten Bereich markieren und können mit den berechneten Ergebnissen kurz gegen prüfen, ob Ihre anderen Berechnungen von der Logik her passen könnten – ohne irgendwelche Kontrollfunktionen extra dafür erstellen zu müssen.

3.10 Der Auto-Summe-Assistent

Eine weitere Hilfe in Excel, ist der sogenannte Auto-Summe-Assistenten, welchen Sie in Excel im Menüband „Start" ganz rechts als Menübutton finden. Auch hier werden wir gleich wieder auf unsere Standard-Funktionen treffen.

Abbildung 3.11: Auto-Summe in Excel.

Erstellen Sie bitte eine neue Beispieltabelle, wie in Abbildung 3.11 aufgezeigt.

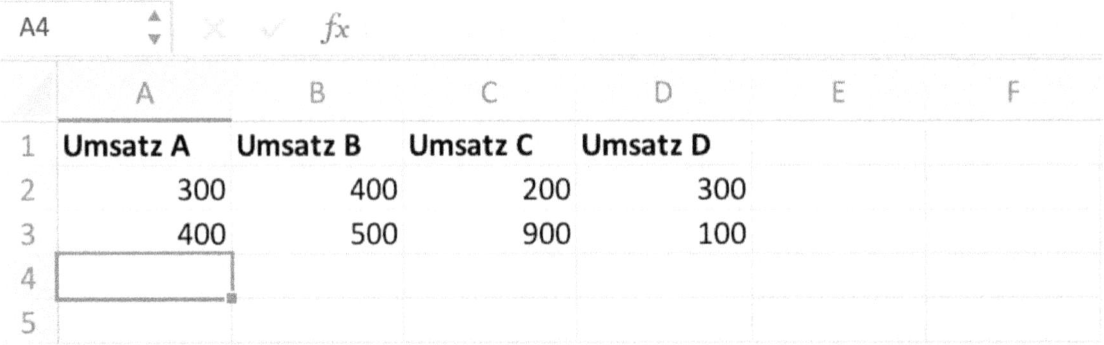

A4				fx		
	A	B	C	D	E	F
1	**Umsatz A**	**Umsatz B**	**Umsatz C**	**Umsatz D**		
2	300	400	200	300		
3	400	500	900	100		
4						
5						

Abbildung 3.11: Beispieltabelle für Auto-Summe Übung.

Markieren Sie nun die Zelle A4 und klicken auf das Auto-Summe-Symbol außen rechts im oberen Menüband. Der Assistent trägt Ihnen nun „von Zauberhand" automatisch die Summenfunktion ein inklusive der entsprechenden benötigten Zellbereiche.

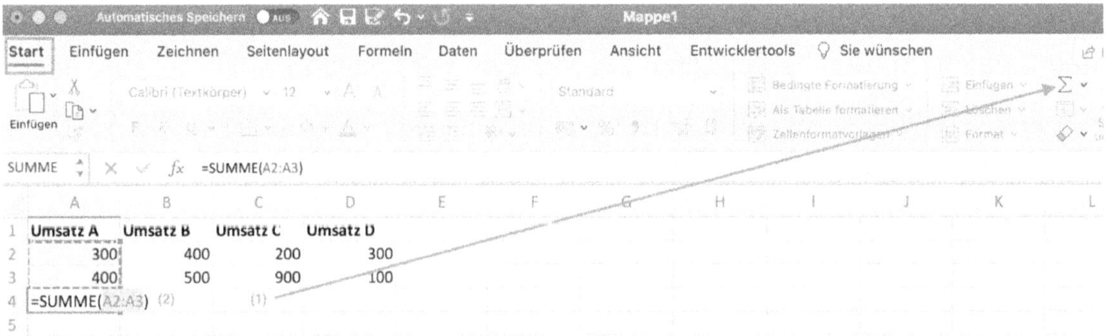

Abbildung 3.12: Auto-Summe-Assistent in Aktion.

1. Setzen Sie den Cursor auf die entsprechende Zelle, welche die Funktion und damit das Ergebnis beinhalten soll.

2. Klicken Sie auf das Auto-Summe-Symbol im Menüband.

3. Bestätigen Sie die Funktion mit der ENTER/EINGABE Taste oder dem grünen Haken in der Formelbearbeitungsleiste.

Wichtig: Vertrauen Sie dem Auto-Summe-Assistenten jedoch keinesfalls blind! Achten Sie genau darauf, welche Zellbereiche Ihnen der Assistent vorschlägt. Nicht immer liegt er damit richtig. In der nachfolgenden Abbildung habe ich den Assistent in Zelle B4, C4 und D4 ebenso angewendet. In Zelle C4 hat der Assistent dann nicht mehr den Zellbereich über C4 vorgeschlagen – sondern auf einmal den Zellbereich links von Zelle C4.

SUMME	f_x	=SUMME(B2:B4)			
	A	B	C	D	E	F
1	Umsatz A	Umsatz B	Umsatz C	Umsatz D		
2	300	400	200	300		
3	400	500	900	100		
4						
5		700	=SUMME(B2:B4)			
6						

Abbildung 3.13: Noch arbeitet der Assistent aus unserer Sicht richtig.

SUMME	f_x	=SUMME(A5:B5)			
	A	B	C	D	E	F
1	Umsatz A	Umsatz B	Umsatz C	Umsatz D		
2	300	400	200	300		
3	400	500	900	100		
4						
5	700	900	=SUMME(A5:B5)			
6						

Abbildung 3.14: Hier ist ihm der Bereich links näher als darüber.

Der Auto-Summe-Assistent hat den Namen „SUMME" in seiner Bezeichnung, bietet Ihnen jedoch, um wieder den Bogen zurück zu unseren Standard-Funktionen zu spannen, auch die anderen Funktionen an. Rechts neben dem Summen-Symbol sehen Sie einen Pfeil nach unten. Dieser öffnet ein Kontextmenü, bei dem Sie auch die anderen Standard-Funktionen auswählen können.

Abbildung 3.15: Auch die anderen Standard-Funktionen stehen Ihnen zur Verfügung.

Kapitel 4 - Numerische Funktionen in Excel

4.1 Aufrunden – Funktion

Rundet einen Wert mit einer bestimmten Anzahl an Stellen auf. Es wird dabei nicht kaufmännisch aufgerundet! Aus einer 0,444 wird trotzdem eine 0,45 und nicht eine kaufmännisches 0,44 errechnet. Aufrunden ist auch vor dem Koma mit einer negativen Rundungsangabe möglich.

Syntax:
= AUFRUNDEN (ZAHL oder ZELLE;ANZAHL STELLEN)

	A	B	C	D	E
	I10		fx		
1	Wert	Ergebnis	Formel		
2	123,45678	124	=AUFRUNDEN(A2;0)		
3		123,46	=AUFRUNDEN(A2;2)		
4		130	=AUFRUNDEN(A2;-1)		
5		200	=AUFRUNDEN(A2;-2)		
6					

Abbildung 4.1: Aufrunden-Funktion in Excel.

Beachten Sie die Ergebnisse in Zelle B4 und B5. Der Wert in A2 wird von 123,x auf 130 aufgerundet bei dem Argument -1, also auf die zehner Werte. Beim verwendeten Argument -2 wird auf die Hunderter Werte aufgerundet – hier von 123,x auf den Wert 200.

4.2 Abrunden – Funktion

Rundet einen Wert mit einer bestimmten Anzahl an Stellen ab. Es wird dabei nicht kaufmännisch abgerundet! Aus einer 0,456 wird eine 0,45 und nicht eine kaufmännisches 0,46 berechnet. Abrunden ist auch vor dem Koma mit einer negativen Rundungsangabe möglich.

Syntax:
```
=ABRUNDEN(ZAHL oder ZELLE;ANZAHL STELLEN)
```

	A	B	C	D	E
1	Wert	Ergebnis	Formel		
2	123,45678	123	=ABRUNDEN(A2;0)		
3		123,45	=ABRUNDEN(A2;2)		
4		120	=ABRUNDEN(A2;-1)		
5		100	=ABRUNDEN(A2;-2)		
6					

Abbildung 4.2: Abrunden-Funktion in Excel.

4.3 Ganzzahl – Funktion

Die Ganzzahl-Funktion liefert immer die Ganzzahl eines Wertes – und zwar immer gleich oder kleiner des entsprechenden Wertes! Die Zahlen 1,49 und 1,79 liefern daher als Ergebnis die 1 zurück. Es spielt daher keine Rolle, ob Ihr Wert 2,01 oder 2,99 beträgt – das Ergebnis wäre immer die 2. Auch bei der Ganzzahl-Funktion findet kein kaufmännisches Runden statt. Bei negativen Werten ist die nächste kleinere Zahl ja eine „höhere" Zahl. So wird in unserem Beispiel aus der -2,34 in Zelle A4 der mathematisch kleinere Wert -3 berechnet.

Syntax:
`=GANZZAHL(ZAHL oder ZELLE)`

	A	B	C	D	E
	K11		f_x		
1	**Wert**	**Ergebnis**	**Formel**		
2	1,49	1	=GANZZAHL(A2)		
3	1,79	1	=GANZZAHL(A3)		
4	-2,34	-3	=GANZZAHL(A4)		
5					

Abbildung 4.3: Ganzzahl-Funktion in Excel.

4.4 Kürzen – Funktion

Bei der Excel Kürzen-Funktion werden die Stellen einfach „gestrichen". So wird aus einem 1,45 bei der Angabe von 0 Stellen die letzten beiden Stellen gestrichen und als Ergebnis der Wert 1 ausgegeben.

Syntax:
`=KÜRZEN(ZAHL oder ZELLE;ANZAHL STELLEN)`

	A	B	C	D	E
	I15		f_x		
1	**Wert**	**Ergebnis**	**Formel**		
2	1,51	1	=KÜRZEN(A2;0)		
3	1,23456	1,234	=KÜRZEN(A3;3)		
4	1111,222	1100	=KÜRZEN(A4;-2)		
5					

Abbildung 4.4: Kürzen-Funktion in Excel.

Aus dem Zellenwert 1,23456 wird beim Kürzen von 3 Stellen, die hinteren Zahlen 56 gestrichen, es bleiben nur die ersten 3 Stellen stehen. Interessant ist die negative Angabe von -2 Stellen in der Funktion. Hier werden die Stellen vor dem Komma „gestrichen". Aus einer 1111,222 bleibt dann die 1100 übrig.

4.5 Runden – Funktion

Die Runden-Funktion liefert einen kaufmännisch auf- oder abgerundeten Wert zurück. Abhängig von der Anzahl der angegebenen Stellen. Ein Wert von 1,446 wird somit auf 1,47 gerundet, ein Wert von 1,444 auf 1,44 – wenn die Anzahl der Stellen nach dem Komma auf 2 gesetzt wurde. Auch negative Werte sind bei der Angabe der Stellen möglich – hier wird dann vor dem Komma auf- oder abgerundet.

Syntax:
```
=RUNDEN(ZAHL oder ZELLE;ANZAHL STELLEN)
```

L19		✕ ✓ fx			
	A	B	C	D	E
1	Wert	Ergebnis	Formel		
2	1,49	1	=RUNDEN(A2;0)		
3	1,50	2	=RUNDEN(A3;0)		
4	1,5372	1,54	=RUNDEN(A4;2)		
5	1111,22	1100	=RUNDEN(A5;-2)		
6	1151,22	1200	=RUNDEN(A6;-2)		
7					

Abbildung 4.5: Runden-Funktion in Excel.

4.6 Summewenn – Funktion

Die Summen-Funktion sollte Ihnen aus dem vorherigen Kapitel 3.2 bereits bekannt sein. Mit SUMME berechnen Sie einen kompletten Zellbereich – als

Beispiel B1 bis B10 – ohne irgendwelche Ausnahmen. Was jedoch, wenn Sie nur bestimmte Werte innerhalb einer Tabellenliste addieren möchten? Hier bietet sich die Summewenn-Funktion an.

Syntax:
=SUMMEWENN(KRITERIENBEREICH;KRITERIUM;SUMMENBEREICH)

	A	B	C	D
	J19	fx		
1	**Wert**	**Umsatz**		
2	Süd	200		
3	Süd	300		
4	Nord	100		
5	Süd	300		
6	Nord	200		
7				
8	**Kriterium**	Süd		
9	**Ergebnis**	800	=SUMMEWENN(A2:A6;"Süd";B2:B6)	
10	**Ergebnis**	800	=SUMMEWENN(A2:A6;B8;B2:B6)	
11				

Abbildung 4.6: Summewenn-Funktion in Excel.

Übersetzt bedeutet unserer Funktion – gehe in den Bereich A2 bis A6, suche dort nach dem Kriterium „Süd" und summiere dann, wenn gefunden, rechts daneben die Zahl aus dem Bereich B2 bis B6. Wenn die Funktion also in Zelle A2 das Kriterium „Süd" findet, wird der Wert rechts daneben in B2 vorgemerkt zur weiteren Addition.

Anstatt das Suchkriterium absolut einzugeben (siehe Beispiel Zelle C9) – kann man sich dabei auch auf eine weitere Zelle beziehen – wie im Funktionsbeispiel in Zelle C10. Hier wird das Kriterium auf Zelle B8 verwiesen. Welcher

Wert auch immer in B8 steht – dies ist das Suchkriterium und kann entsprechend von Süd in Nord geändert werden.

H i n w e i s : Text wird in Funktionen als Wert immer in Anführungszeichen eingegeben. Die Angabe des Kriterium Süd oder Nord muss in sogenannten Gänschenfüße eingerahmt werden.

4.7 Summewenns – Funktion

Im vorherigen Beispiel haben Sie die Summewenn-Funktion mit einem Kriterium kennengelernt. Was jedoch, wenn Sie mehrere Bedingungen für eine Addition haben? Hier kommt die Summewenns-Funktion ins Spiel. Im nachfolgenden Beispiel haben wir in der ersten Spalte die Anzahl unserer verkauften Waren. In der zweiten Spalte die jeweilige dazugehörige Verkaufsgruppe. Und in der letzten Spalte C das Datum, an welchem Tag der Verkauf stattgefunden hat.

Sie möchten nun alle Verkäufe addieren der Verkaufsgruppe Süd, welche vor dem 01.01.2020 stattgefunden haben. Das Ergebnis wird lediglich 5 betragen – dies vorweg – am 21.09.2019 fand in unserer Tabelle der einzige Verkauf von 5 Artikel der Gruppe Süd statt. Aber wir möchten dies ja mit einer Excel-Funktion automatisch berechnen.

Syntax:
```
=SUMMEWENNS(WERTEBEREICH;KRITERIUMBEREICH;KRITERIUM;
KRITERIUMBEREICH2;KRITERIUM2)

=SUMMEWENNS(A2:A6;B2:B6;"Süd";C2:C6;"<=31.12.2019")
=SUMMEWENNS(A2:A6;B2:B6;B8;C2:C6;B9)
```

	A	B	C	D	E
1	Anzahl	Gruppe	Datum	Ergebnis	
2	20	Süd	01.01.20		5
3	10	Nord	15.04.19	=SUMMEWENNS(A2:A6;B2:B6;"Süd";C2:C6;"<=31.12.2019")	
4	5	Süd	21.09.19		
5	20	Süd	11.01.20		5
6	10	Nord	19.03.20	=SUMMEWENNS(A2:A6;B2:B6;B8;C2:C6;B9)	
7					
8	Gruppe	Süd			
9	Datum	<=31.12.2019			
10					

Abbildung 4.7: Summewenns-Funktion in Excel.

In den Zellen A2 bis A6 sind die Werte, welche wir addieren werden. Der Zellbereich B2 bis B6 ist der erste Kriteriumbereich. Danach geben Sie das erste Kriterium an – in unserem Fall „Süd". Danach ist jedoch nicht Schluss! Danach folgt die Angabe des zweiten Kriteriumbereiches mit C2 bis B6. In diesem Kriteriumbereich wird nach Datumswerte die kleiner, gleich dem 31.12.2019 sind.

Vereinfacht geschrieben: Wertebereich; Kriteriumbereich1; Kriterium1, Kriteriumbereich2; Kriterium2. Sie können auch noch Kriteriumbereich4 und Kriterium4 angeben – bzw. 5, 6, 7 und so weiter. Alle Kriterien müssen zutreffen, damit der jeweilige Wert für die Addition verwendet wird.

Hinweis: Bei der Summewenns-Funktion können Sie die Kriterien „hart" in der Funktion angeben (siehe Beispiel in Zelle D3) – aber sich auch hier, wie bei SUMMEWENN, auf entsprechende Zellen als Kriterium beziehen, wie in Zelle D6 aufgezeigt.

4.8 Teilergebnis – Funktion

Kommen wir zu einer sehr interessanten Funktion, welche ihre Stärken im Zusammenspiel mit dem Excel-Auto-Filter zeigt. Erstellen Sie bitte eine kleine Beispieltabelle wie nachfolgend abgebildet. Eine Spalte mit den entsprechenden Regionen, daneben die jeweiligen Umsätze. Tragen Sie in Zelle E1 die Funktion: =SUMME(B2:B6) ein für die Addition der Umsätze ein.

K20 *fx*

	A	B	C	D	E	F
1	**Gruppe**	**Umsatz**		**Ergebnis:**	**900**	=SUMME(B2:B6)
2	Süd	100				
3	Nord	200				
4	Nord	300				
5	Süd	200				
6	Nord	100				
7						

Abbildung 4.8: Beispieltabelle für Teilergebnis-Funktion in Excel.

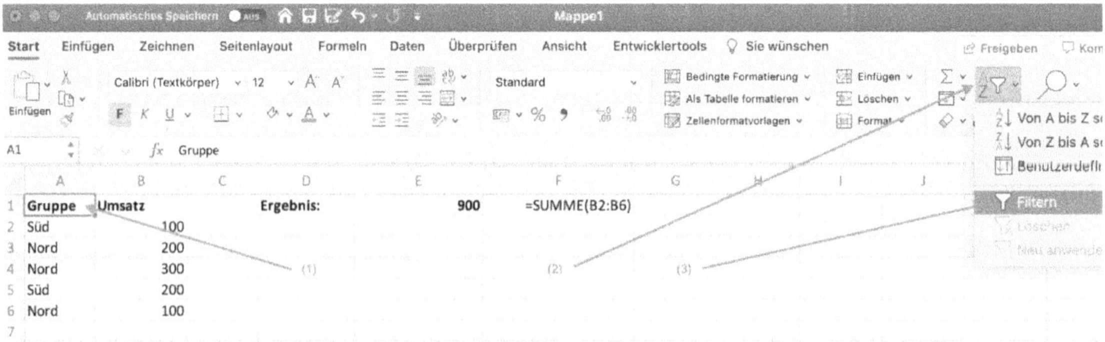

Abbildung 4.9: Excel-Auto-Filter aktivieren.

Markieren Sie am besten die Zelle A1, indem Sie die Zelle anklicken (1). Betätigen Sie danach den Filter Button in der Menüleiste (2) – ein weiteres Kontextmenü erscheint. Hier wiederum klicken Sie auf die Menüauswahl „Filter" (3) um den Auto-Filter zu aktivieren.

Sie sollten nun wie in der nachfolgenden Abbildung 4.10 zu erkennen in der Überschriftenzeile der Spalten A und B einen Dropdown-Button angezeigt bekommen.

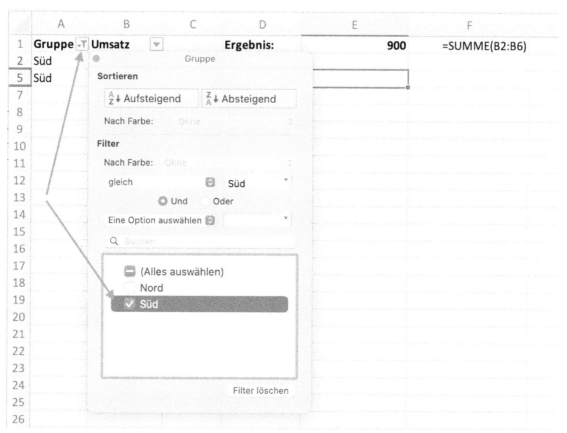

Abbildung 4.10: Dropdown-Buttons des Excel-Auto-Filters.

Abbildung 4.11: Filter Kriterium Süd setzen.

Klicken Sie in Zelle A1 auf den besagten Dropdown-Button. Es öffnet sich ein Filter Menü. Entfernen Sie nun den Haken bei der Gruppe Nord. Es werden Ihnen in der Spalte A nur noch die Umsätze der Gruppe Süd angezeigt. Sie können mit der Maus in eine freie Zelle klicken – das Filter Menü verschwindet dann. Ihre Tabelle sollte nun wie folgt aussehen.

	A	B	C	D	E	F
1	Gruppe	Umsatz		Ergebnis:	900	=SUMME(B2:B6)
2	Süd	100				
5	Süd	200				
7						

Abbildung 4.12: Gruppe Süd gefilterte Excel Tabelle.

H i n w e i s : Wenn Sie erneut auf den Dropdown-Button der jeweiligen Zelle klicken, können Sie die Filter Kriterien erneut anpassen.

Aber was sehen wir nun am Ergebnis? Nichts! Zumindest hat sich nichts geändert. Das Ergebnis lautet immer noch 900. Der Funktion SUMME ist es völlig egal, wie viele Zellen angezeigt oder gefiltert werden. Die Funktion addiert und summiert die Zellen aus dem Bereich B2 bis B6 – egal ob sichtbar oder gefiltert. Und hier kommt nun die Funktion TEILERGEBNIS ins Spiel.

(1) Entfernen Sie bitte als erstes den Auto-Filter. Lassen Sie sich bitte wieder die Gruppen Nord und Süd anzeigen. Dazu klicken Sie auf den Dropdown-Button in Zelle A1 und setzen den Haken bei „alles auswählen" oder bei „Nord". Danach klicken Sie wieder in eine freie Zelle. Ihnen sollten nun wieder alle Datensätze angezeigt werden.

(2) Löschen Sie bitte die Summen-Funktion aus Zelle E1 und ersetzen Sie diese durch unsere Teilergebnis-Funktion. Die genaue Erklärung zur Funktionsweise von TEILERGEBNIS folgt in den nächsten Absätzen.

Syntax:
```
=TEILERGEBNIS(FUNKTIONSNUMMER;ZELLE   ODER   ZELLENBE-
REICH)
```

	A	B	C	D	E	F
1	Gruppe ▾	Umsatz ▾		Ergebnis:	900	=TEILERGEBNIS(9;B2:B6)
2	Süd	100				
3	Nord	200				
4	Nord	300				
5	Süd	200				
6	Nord	100				
7						

Abbildung 4.13: Teilergebnis-Funktion in Excel.

Syntax:
```
=TEILERGEBNIS(9;B2:B6)
```

(3) Und nun gleiches Spiel wie gehabt. Klicken Sie erneut auf den Dropdown-Button der Zelle A1. Im geöffneten Filter Menü deaktivieren Sie den Haken bei der Gruppe Nord, so dass nach Gruppe Süd gefiltert und angezeigt wird. Klicken Sie mit der linken Maustaste auf eine freie Zelle. Sie sollten nun nur noch die Datensätze der Gruppe Süd in Ihrer Tabelle sehen.

Ein Unterschied zu vorher ist das angezeigte Ergebnis in Zelle E1. Statt dem Wert 900 errechnet Ihnen TEILERGEBNIS nun 300 – dies entspricht den zwei angezeigten Gruppe Süd Datensätzen. Die Teilergebnis-Funktion berechnet nämlich nur die Zeilen, welche auch sichtbar sind. Sie können das Ganze auch einmal mit der Gruppe Nord versuchen. Nun sollte Ihnen ausschließlich der Gesamtumsatz des Kriteriums Nord angezeigt werden.

L20			fx			
	A	B	C	D	E	F
1	Gruppe	Umsatz		Ergebnis:	300	=TEILERGEBNIS(9;B2:B6)
2	Süd	100				
5	Süd	200				
7						

Abbildung 4.14: Gefilterte Tabelle mit Teilergebnis berechnet.

Microsoft hat in Excel nicht unzählige verschiedene Teilergebnis-Funktionen hinterlegt (Summeteilergebnis, Mittelwertteilergebnis, Minteilergebnis...) – sondern nur eine einzelne Funktion TEILERGEBNIS. Ob Sie mit dem TEIL-ERGEBNIS summieren möchten, den Durchschnitt berechnen wollen – entscheiden Sie anhand der Funktionsnummer, welche als Erstes angegeben werden muss. Der Parameter 9 steht für die Funktion SUMME.

SUMME			fx	=TEILERGEBNIS(		
	A	B	C	D	E	F
1	Gruppe	Umsatz		Ergebnis:	=TEILERGEBNIS(	
2	Süd	100			TEILERGEBNIS(**Funktion**; Bezug1; ...)	
5	Süd	200			Optionen	
7					**1 – MITTELWERT**	
8					2 – ANZAHL	
9					3 – ANZAHL2	
10					4 – MAX	

Abbildung 4.15: Assistent mit den Funktionsnummern in Teilergebnis.

T i p p: Die Funktionsnummern müssen Sie sich nicht merken. Der Funktionsassistent bietet Ihnen die Funktionsnummern mit den entsprechenden Namen, die dahinter stehen, als Hilfe an. Geben Sie den Funktionsnamen einfach ein – die Hilfe ploppt dann automatisch auf – wie in Abbildung 4.15 zu sehen ist.

Sie sollten und können sich also überlegen, ob Sie für Ihre Tabelle lieber auf die Funktionen SUMMEWENN, MITTELWERTWENN etc zurückgreifen möchten – oder ob vielleicht die Funktion TEILERGEBNIS in Kombination mit dem Auto-Filter die praktikablere Lösung ist.

Kapitel 5 - Statistische Funktionen in Excel

5.1 Kkleinste – Funktion

Wir kennen ja bereits die Min-Funktion in Excel (Kapitel 3.4). In einem angegebenen Bereich wird die kleinste Zahl herausgerechnet. Was aber, wenn Sie nicht die kleinste, sondern die zweit- oder drittkleinste Zahl interessiert? Die Funktion =KKLEINSTE(B2:B6;2) berechnet Ihnen zum Beispiel den zweitkleinsten Wert aus dem jeweiligen Zellbereich.

Syntax:
=KKLEINSTE(ZELLBEREICH;WIEVIELTE KLEINSTE)

	A	B	C	D	E	F
K17				fx		
1	**Gruppe**	**Umsatz**		**KKLEINSTE:**	**FORMEL:**	
2	Hamburg	200		300	=KKLEINSTE(B2:B5;2)	
3	Berlin	700				
4	Stuttgart	300				
5	München	500				
6						

Abbildung 5.1: Kkleinste-Funktion in Excel.

5.2 Kgrösste – Funktion

Und auch hier gilt, wenn es eine entsprechende Funktion für den x-kleinsten Wert gibt, dann sicher auch für den x-größten Wert. Die entsprechende Funk-

66

tion =KGRÖSSTE(B2:B5;2) berechnet Ihnen somit den zweitgrößten Wert innerhalb eines angegebenen Zellbereiches.

Syntax:
=KGRÖSSTE(ZELLBEREICH; WIEVIELTE GRÖSSTE)

	A	B	C	D	E	F
				fx		
1	**Gruppe**	**Umsatz**		**KGRÖSSTE:**	**FORMEL:**	
2	Hamburg	200		500	=KGRÖSSTE(B2:B5;2)	
3	Berlin	700				
4	Stuttgart	300				
5	München	500				
6						

Abbildung 5.2: Kgrösste-Funktion in Excel.

5.3 Minwenns – Funktion

In Kapitel 4.6 und 4.7 haben wir die Summewenn- und Summewenns-Funktionen kennengelernt – in Kapitel 3.4 die Min-Funktion. Letztere errechnet aus einem Zellbereich den kleinsten Wert heraus. Mit MINWENNS ist dies mit einem oder mehreren Kriterien- und Kriterienbereiche möglich (ähnlich wie bei SUMMEWENNS).

Auch hier geben wir Excel einen Bereich an, in dem der kleinste Wert gesucht werden soll. Gefolgt vom Kriteriumbereich und dem eigentlichen Kriterium. Wie bei SUMMEWENNS können weiterer Kriterienbereiche und Kriterien folgen. Bei der Suche nach dem kleinsten Wert werden nur die Zellen mit einbezogen, welche dem oder den Kriterium / Kriterien entsprechen. Wir möchten den kleinsten Umsatz der Gruppe Süd finden.

Syntax:

```
=MINWENNS(WERTEBEREICH;KRITERIUMBEREICH;KRITERIUM)
```

	A	B	C	D	E
				MINWENNS:	FORMEL:
1	Gruppe	Umsatz			
2	Süd	200		100	=MINWENNS(B2:B6;A2:A6;"Süd")
3	Süd	700			
4	Nord	300			
5	Nord	500			
6	Süd	100			
7					

Abbildung 5.3: Minwenns-Funktion in Excel.

5.4 Maxwenns – Funktion

Zur oben genannten Funktion muss nicht mehr viel geschrieben werden. Sie erhalten hier den größten Wert wie bei der Max-Funktion aus Kapitel 3.5 – bedingt auf einem oder mehrerer Kriterien. Aufgebaut ist die Funktion wie die Minwenns-Funktion – berechne den kleinsten / größten Wert aus einem Zellbereich aller Zellen, welchen einen oder mehrere Kriterien erfüllen.

Syntax:

```
=MAXWENNS(WERTEBEREICH;KRITERIUMBEREICH;KRITERIUM)
```

Auch hier gilt wie bei der Minwenns-Funktion aus dem vorherigen Kapitel – es sind mehr als ein Kriteriumbereich und mehr als ein Kriterium möglich, in Form von: =MAXWENNS(B2:B6; Kriteriumbereich1 ; Kriterium1 ; Kriteriumbereich2 ; Kriterium2 ; Kriteriumbereich3 ; Kriterium3) und so weiter. Denken Sie daran, alle Kriterien müssen erfüllt werden – damit der entsprechende Zellenwert in die Berechnung mit einbezogen wird!

	A	B	C	D	E
1	Gruppe	Umsatz		MAXWENNS:	FORMEL:
2	Süd	200		700	=MAXWENNS(B2:B6;A2:A6;"Süd")
3	Süd	700			
4	Nord	300			
5	Nord	500			
6	Süd	100			
7					

Abbildung 5.4: Maxwenns-Funktion in Excel.

5.5 Mittelwertwenn – Funktion

Mit der Mittelwertwenn-Funktion berechnen Sie den Durchschnitt eines Bereiches, basierend auf einem Kriterium. Die einfache Mittelwert-Funktion sollten Sie bereits aus Kapitel 3.3 kennen. Sie haben hier allerdings nur die Möglichkeit, einen Kriterienbereich und ein Kriterium zur Durchschnittsberechnung an zu geben.

Syntax:
```
=MITTELWERTWENN(KRITERIUMBEREICH;KRITERIUM;WERTEBE-
REICH)
```

Hinweis: Fällt Ihnen etwas auf? Die Macher von Excel möchten anscheinend nicht, dass wir in eine Art Lethargie verfallen. Bei den Funktionen MINWENNS und MAXWENNS wird erst der Wertebereich, dann der Kriterienbereich und das Kriterium angegeben. Bei SUMMEWENN und MITTELWERTWENN jedoch erst der Kriteriumbereich, das Kriterium und dann wiederum der Wertebereich. Achten Sie also bei den WENN/WENNS Funktionen unbedingt auf die korrekte Reihenfolge der Argumente!

	A	B	C	D	E
1	**Gruppe**	**Umsatz**		MITTELWERTWENN:	FORMEL:
2	Süd	200		333,3333333	=MITTELWERTWENN(A2:A6;"Süd";B2:B6)
3	Süd	700			
4	Nord	300			
5	Nord	500			
6	Süd	100			
7					

Abbildung 5.5: Mittelwertwenn-Funktion in Excel.

5.6 Mittelwertwenns – Funktion

Die Summen-Funktion gibt es als SUMME (ohne Kriterium), SUMMEWENN (ein Kriterium) und SUMMEWENNS (mehrere Kriterien). Genauso ist es bei der Mittelwert-Funktion, welche es ebenso als MITTELWERT (ohne Kriterium), MITTELWERTWENN (ein Kriterium) und MITTELWERTWENNS (mehrere Kriterien) in Excel gibt.

Syntax:
```
=MITTELWERTWENNS(WERTEBEREICH;KRITERIUMBEREICH1;KRIT
ERIUM1;KRITERIUMBEREICH2;KRITERIUM2)
```

In unserem nachfolgend abgebildeten Beispiel möchten Sie den Mittelwert berechnen aus der Gruppe Süd und ausschließlich dem Jahr 2020. Dies trifft dann nur in Zeile 2 und Zeile 5 zu – was bei (200+500) / 2 dann den Durchschnitt von 350 ergibt. Unsere Funktion nimmt den Wertebereich aus C2 bis C5 – danach den Kriterienbereich A2 bis A5 mit „Süd" und den Kriterienbereich B2 bis B5 mit dem Kriterium „2020". Auch bei der Mittelwertwenns-Funktion wäre die Angabe weiterer Kriterien möglich! Diese werden einfach immer im hinteren Bereich der Funktion nacheinander angehängt.

	A	B	C	D	E	F
1	Gruppe	Jahr	Umsatz		Ergebnis:	200
2	Süd	2020	200		Formel:	=MITTELWERTWENNS(C2:C6;A2:A6;"Süd";B2:B6;"2020")
3	Süd	2021	700			
4	Nord	2020	300			
5	Nord	2020	500			
6	Süd	2019	100			
7						

Abbildung 5.6: Mittelwertwenns-Funktion in Excel.

5.7 Zählenwenn – Funktion

Sie kennen bereits die Anzahl-Funktion aus dem Kapitel 3.6 – allerdings ist hier eine Angabe eines Kriteriumbereiches und Kriterium nicht möglich. Mit der Zählenwenn-Funktion können Sie einen von Ihnen gewünschten Zellbereich nach einem bestimmten Kriterium „durchzählen" und bekommen als Ergebnis die Anzahl der Treffer zurück.

Syntax:
=ZÄHLENWENN(KRITERIUMBEREICH;KRITERIUM)

	A	B	C	D	E	F
1	Gruppe	Jahr	Umsatz		Ergebnis:	2
2	Süd	2020	200		Formel:	=ZÄHLENWENN(A2:A5;"Süd")
3	Süd	2021	700			
4	Nord	2020	300			
5	Nord	2019	500			
6						

Abbildung 5.7: Zählenwenn-Funktion in Excel.

Die Zählenwenn-Funktion gibt Ihnen jedoch nur die Anzahl der positiven Treffer zurück. Sie kann weder selber summieren oder den Durchschnitt berechnen wie die Gruppe der Summewenn- und Mittelwertwenn-Funktionen.

Ebenso ist Sie begrenzt auf einen Kriteriumbereich und ein Kriterium, welches Sie angeben können.

5.8 Zählenwenns – Funktion

Als Letztes haben wir noch die Zählenwenns-Funktion. Hier haben Sie die Möglichkeit, mehrere Kriterienbereiche und Kriterien anzugeben. Sie ist ähnlich aufgebaut wie die Summewenns- und Mittelwertwenns-Funktionen.

Syntax:
```
=ZÄHLENWENNS(KRITERIUMBEREICH1;KRITERIUM1;KRITERIUM-
BEREICH2;KRITERIUM2)
```

	A	B	C	D	E	F
	Gruppe	Jahr	Umsatz		Ergebnis:	1
2	Süd	2020	200		Formel:	=ZÄHLENWENNS(A2:A5;"Süd";B2:B5;"2020")
3	Süd	2021	700			
4	Nord	2020	300			
5	Nord	2019	500			
6						

Abbildung 5.8: Zählenwenns-Funktion in Excel.

In unserem ZÄHLENWENN Beispiel im vorherigen Kapitel 5.7 haben wir nur die Anzahl der vorhandenen Zeilen mit Gruppe Süd bekommen. Mit ZÄH-LENWENNS bekommen wir nun die Anzahl der Zeilen, welche Gruppe Süd **und** das Jahr 2020 beinhalten.

5.9 Rang – Funktion

Mit der Rang-Funktion können Sie, wie der Name schon sagt, eine auf- oder absteigende Rangliste erstellen. Am besten schauen wir uns erst die Syntax und das nachfolgende Beispiel an.

Syntax:

```
=RANG(ICH ZELLE BIN PLATZIERUNG; IN DIESEM WERTEBE-
REICH; SORTIERT NACH GRÖSSTER ODER KLEINSTER WERT
OBEN)
```

	A	B	C	D	E
	I10			fx	
1	**Gruppe**	**Umsatz**		**RANG:**	**Formel:**
2	Hamburg	300		3	=RANG(B2;$B$2:$B$5;0)
3	München	600		1	=RANG(B3;$B$2:$B$5;0)
4	Stuttgart	200		4	=RANG(B4;$B$2:$B$5;0)
5	Berlin	400		2	=RANG(B5;$B$2:$B$5;0)
6					

Abbildung 5.9: Rang-Funktion in Excel.

In unserem Beispiel sehen Sie, dass die Funktion nach unten kopiert wurde und für jeden entsprechenden Umsatz den entsprechenden Rang berechnet. Wir wollen die Funktion =RANG(B2;$B$2:$B$5;0) in Zelle D2 einmal im Detail betrachten.

Syntax:

```
=RANG(B2
```

Das erste Argument bezieht sich auf die Zelle selbst – ich Zelle B2 bin...

```
=RANG(B2 ; $B$2:$B$5
```

Ich Zelle B2 bin in dem Bereich B2 bis B5 welcher Rang?

```
=RANG(B2 ; $B$2:$B$5 ; 0)
```

Ich Zelle B2 bin in dem Bereich B2 bis B5 welcher Rang – mit der Sortierung höchste Zahl erster Rang, kleinste Zahl letzter Rang?

Geben Sie als letztes Argument die 0 an – so ist die höchste Zahl der erste Platz, die kleinste Zahl, der letzte Platz. Würden Sie stattdessen eine 1 als letztes Argument verwenden – wäre die Rangplatzierung genau anders herum.

Wichtig: Das erste Argument B2 wurde ohne Dollarzeichen (relativer Bezug) eingegeben! Dies ist wichtig, denn wenn wir die Funktion nach unten weiter kopieren, soll und muss aus B2 ein B3 ein B4 etc. werden. Das zweite Argument – der Bereich B2:B5 - wurde mit Dollarzeichen angegeben (absoluter Bezug). Beim nach unten Kopieren darf sich dieser Bereichsbezug niemals ändern. Sowohl B3 muss sich fragen, welcher Rang in B2 bis B5 erreicht wird – genauso wie sich B4 fragen muss, welcher Rang in B2 bis B5 erreicht wurde usw. Lesen Sie sich hierzu ansonsten nochmals das Kapitel 2.4 relativer und absoluter Bezug durch.

Kapitel 6 - Bedingte Funktionen in Excel

6.1 Übersicht – Funktionen

In diesem kleinen Kapitel möchte ich Ihnen nochmals eine Übersicht der wichtigsten „bedingten" Funktionen auflisten – ohne hier erneut im Detail darauf ein zu gehen. Die detaillierten Beschreibungen der einzelnen Funktionen finden Sie in den entsprechenden Kapiteln.

Funktion	Verwendung
SUMME()	Summiert Werte in einem angegebenen Bereich ohne Kriterien.
SUMMEWENN()	Summiert Werte in einem angegebenen Bereich mit einem Kriterium.
SUMMEWENNS()	Summiert Werte in einem angegebenen Bereich mit mehreren Kriterien.
MITTELWERT()	Berechnet den Durchschnitt aus einem angegebenen Bereich ohne Kriterium.
MITTELWERTWENN()	Berechnet den Durchschnitt aus einem angegebenen Bereich mit einem Kriterium.
MITTELWERTWENNS()	Berechnet den Durchschnitt aus einem angegebenen Bereich mit mehreren Kriterien.
MIN()	Berechnet den kleinsten Wert aus einem angegebenen Bereich ohne Kriterium.

MINWENNS()	Berechnet den kleinsten Wert aus einem angegebenen Bereich mit mehreren Kriterien.
MAX()	Berechnet den größten Wert aus einem angegebenen Bereich ohne Kriterium.
MAXWENNS()	Berechnet den größten Wert aus einem angegebenen Bereich mit mehreren Kriterien.
ANZAHL()	Anzahl der Zellen in einem Zellbereich, welche nicht leer sind, ohne Kriterium.
ANZAHL2()	Anzahl der Zellen in einem Zellbereich, welche numerisch sind, ohne Kriterium.
ZÄHLENWENN()	Anzahl der Zellen in einem Zellbereich, welche nicht leer sind, mit einem Kriterium.
ZÄHLENWENNS()	Anzahl der Zellen in einem Zellbereich, welche nicht leer sind, mit mehreren Kriterien.
TEILERGEBNIS()	Berechnung von gefilterten Zellbereichen in Kombination mit dem Auto-Filter.

Abbildung 6.1: Übersicht bedingte Excel-Funktionen.

Kapitel 7 - Logische Funktionen in Excel

7.1 Istzahl – Funktion

In diesem Kapitel betrachten wir die IST Logik Funktionen, welche wir später dann in die Wenn-Funktion einbauen werden. Mit der Istzahl-Funktion prüfen Sie, ob ein Wert oder eine Zelle einem Zahlenwert entspricht. Entsprechend erhalten Sie ein WAHR oder FALSCH als Rückgabewert. Wie Sie diesen Rückgabewert später nutzen können – werden wir in den nachfolgenden Kapiteln behandeln – vor allem im Bezug auf die Funktion WENN.

Syntax:
```
=ISTZAHL(WERT ODER ZELLE)
```

L18		fx	
	A	B	C	D
1	**Wert**	**Prüfung**	**Formel**	
2	01.11.20	WAHR	=ISTZAHL(A2)	
3	34.01.2020	FALSCH	=ISTZAHL(A3)	
4	45000	WAHR	=ISTZAHL(A4)	
5		FALSCH	=ISTZAHL(A5)	
6	Text	FALSCH	=ISTZAHL(A6)	
7				

Abbildung 7.1: Istzahl- Funktion in Excel.

Hinweis: Beachten Sie das Ergebnis in Zelle B2. In Excel entsprechen Datumswerte einer numerischen Zahl. Daher ist für Excel ein Datum eine Zahl und liefert hier ein WAHR als Rückgabewert.

7.2 Isttext – Funktion

Wie der Name schon sagt, prüfen Sie mit ISTTEXT, ob ein Wert oder eine Zelle einen Textwert beinhaltet. Zu einem WAHR können hier zum Beispiel falsche Datumswerte führen – da diese nicht als Datum, sondern dann als Text erkannt werden. Leere Zellen werden nicht als Text erkannt – außer jemand hat zum Beispiel ein Leerzeichen eingetragen – was das Prüfen von anscheinend leeren Zellen etwas kritisch macht.

Syntax:
=ISTTEXT(WERT ODER ZELLE)

	A	B	C	D
H10		fx		
1	Wert	Prüfung	Formel	
2	01.11.20	FALSCH	=ISTTEXT(A2)	
3	34.01.2020	WAHR	=ISTTEXT(A3)	
4	45000	FALSCH	=ISTTEXT(A4)	
5		FALSCH	=ISTTEXT(A5)	
6	Text	WAHR	=ISTTEXT(A6)	
7				

Abbildung 7.2: Isttext-Funktion in Excel.

Auch die Zelle A3 liefert einen WAHR Rückgabewert. Hier hat jemand ein falsches Datum eingetragen, was Excel wiederum dann als Text interpretiert.

7.3 Istgerade – Istungerade – Funktion

Diese beiden logischen Funktionen prüfen einen Wert bzw. eine Zelle, ob deren numerischer Wert gerade oder ungerade ist. Sie erhalten hier die Rückgabewerte WAHR, FALSCH oder FEHLER. Beide Funktionen arbeiten nur korrekt, wenn der zu prüfende Wert bzw. Zelle auch einen numerischen Wert beinhaltet! Ansonsten erhalten Sie einen Fehlerwert bzw. Fehlermeldung. Als numerisch gelten nur Zahlen: Ganzzahlen, Dezimalzahlen, positive und negative Zahlen.

Syntax:
```
=ISTGERADE(WERT ODER ZELLE)
=ISTUNGERADE(WERT ODER ZELLE)
```

	A	B	C	D
	Wert	**Prüfung**	**Formel**	
1				
2	01.11.20	WAHR	=ISTGERADE(A2)	
3	34.01.2020	#WERT!	=ISTGERADE(A3)	
4	45000	WAHR	=ISTGERADE(A4)	
5		WAHR	=ISTGERADE(A5)	
6	Text	#WERT!	=ISTGERADE(A6)	
7				

Abbildung 7.3: Istgerade-Funktion in Excel.

Hinweis: Auch hier liefert der Wert in Zelle A2 einen Rückgabewert, da hinter einem Datum in Excel ein numerischer Wert „lauert". In diesem Fall ein Gerader wie es scheint. Aber wieso liefert die Zelle A5 – welche ja scheinbar leer ist – ein WAHR zurück? Weil für Excel hier eine gerade 0 im Hintergrund arbeitet, wenn auch für Sie als Anwender nicht sichtbar. Um das Ganze zu verdeutlichen zwei Beispiele in Abbildung 7.4 bis 7.6 zum Thema numerische Datumswerte und die unsichtbare null.

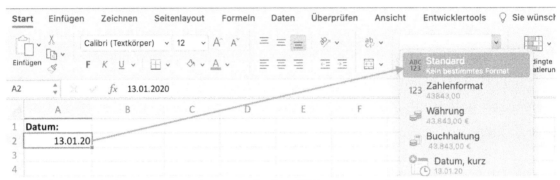

Abbildung 7.4: Datumswert als numerischen Wert umwandeln.

	A	B	C	D	E	F	G	H
1	Datum:							
2	43843							
3								

Abbildung 7.5: Datum nun als numerischer Wert angezeigt.

Tragen Sie in die Zelle A2 ein Datum ein – in unserem Beispiel den 13.01.2020 – und bestätigen Sie die Eingabe. Markieren Sie erneut die Zelle und klicken auf das Dropdown-Menü in der Symbolleiste. Mit dem Schnellmenü für Formatierungen können sie selbige schnell abändern. Wählen Sie hier die Formatierung „Standard" aus. Ihr Datumswert wird in einen numerischen Wert umgewandelt – in unserem Beispiel 43843.

Dies ist übrigens nicht irgendeine Zahl, welche hinter diesem Datum steht. Es sind exakt 43843 Tage nach dem 31.12.1899 – ab diesem Datum zählt Excel hoch. Und daher erhalten Sie bei Datumswerten sowohl bei ISTZAHL, als auch bei ISTGERADE und ISTUNGERADE die entsprechenden Rückgabewerte.

Und nun schauen wir uns doch einmal die ominöse nicht sichtbare null an. Erstellen Sie dazu ein Beispiel wie nachfolgend abgebildet.

	A	B	C	D
	Werte	Berechnung	Formel	
1	Werte	Berechnung	Formel	
2		0	=A2+A3+A4	
3		#DIV/0!	=MITTELWERT(A2:A4)	
4				

Abbildung 7.6: Die nicht sichtbare null in Excel.

Wir haben in Zelle B2 eine Formel: =A2+A3+A4 und in Zelle B3 eine Funktion: =MITTELWERT(A2:A4). Wieso bekommen wir in Zelle B2 das Ergebnis 0 angezeigt. In Zelle A2, A3 und A4 befindet sich nichts – es sind leere Zellen! Und dennoch ergibt nichts + nichts + nichts = 0. Und wieso erhalten wir bei der Berechnung eines Durchschnitts von nichts einen „Division durch null Fehler"? Weil in Wirklichkeit eine heimliche 0 sich in den Zellen verbirgt!

H i n w e i s : Jedoch wird nicht immer diese „heimliche" null herangezogen. Verwenden Sie die Funktion MITTELWERT wie in Kapitel 3.3 mit mehreren Werten und eine Zelle ist leer – wird die 0 nicht verwendet, da ja sonst der falsche Durchschnittswert berechnet werden würde. Die Funktion ISTZAHL verwendet die 0 ebenso nicht und liefert bei einer leeren Zelle ein FALSCH zurück. Die Funktionen ISTGERADE und ISTUNGERADE wiederum schon. Ebenso wenn Sie „leere" Zellen mit in einer Formel verwenden wie im vorherigen Beispiel und Abbildung. Gehen Sie daher alle möglichen Szenarien durch, wenn Sie eine Tabelle mit Funktionen versehen.

Kommen wir jetzt noch zur Funktion ISTUNGERADE, auch hier erstellen wir ein kurzes Beispiel. Das Datum in Zelle A2 ist numerisch nicht ungerade. Und die leere Zelle A5 bzw. die heimliche null erzeugt hier als Ergebnis ein FALSCH als Rückgabewert.

	A	B	C	D
1	**Wert**	**Prüfung**	**Formel**	
2	01.11.20	FALSCH	=ISTUNGERADE(A2)	
3	34.01.2020	#WERT!	=ISTUNGERADE(A3)	
4	45000	FALSCH	=ISTUNGERADE(A4)	
5		FALSCH	=ISTUNGERADE(A5)	
6	Text	#WERT!	=ISTUNGERADE(A6)	
7				
8				

Abbildung 7.7: Istungerade-Funktion in Excel.

7.4 Istleer – Funktion

Und damit kommen wir direkt zur Istfehler-Funktion. Damit können Sie prüfen, ob eine Funktion korrekt ausgeführt wurde – oder eben nicht, wie in unserem Beispiel in Abbildung 7.7 aufgezeigt. Im nachfolgenden Beispiel Abbildung 7.6 haben wir die vorherige Tabelle als Basis verwendet. Wir wollen prüfen, ob die Funktionen in B2, B3, B4, B5 und B6 „richtig" arbeiten und die entsprechenden Ergebnisse liefern. Dazu bauen wir in die Spalte D von D2 bis D6 die jeweilige Istfehler-Funktion ein. Arbeitet die verwendete Funktion einwandfrei, erhalten wir ein FALSCH, ansonsten ein WAHR. Die Istfehler-Funktion werden wir später in Beispielen bei den Funktionen SVER-WEIS und WENN verwenden!

Syntax:

```
=ISTFEHLER(FUNKTION ODER ZELLE)
```

J13		⌃⌄	✕ ✓	f_x	
	A	B	C	D	E
1	Wert	Prüfung	Formel	Fehler?	Formel
2	01.11.20	FALSCH	=ISTUNGERADE(A2)	FALSCH	=ISTFEHLER(B2)
3	34.01.2020	#WERT!	=ISTUNGERADE(A3)	WAHR	=ISTFEHLER(B3)
4	45000	FALSCH	=ISTUNGERADE(A4)	FALSCH	=ISTFEHLER(B4)
5		FALSCH	=ISTUNGERADE(A5)	FALSCH	=ISTFEHLER(B5)
6	Text	#WERT!	=ISTUNGERADE(A6)	WAHR	=ISTFEHLER(B6)
7					

Abbildung 7.8: Istfehler-Funktion in Excel.

7.5 Istleer – Funktion

Mit der Funktion ISTLEER können Sie prüfen, ob eine Zelle einen Inhalt hat. Hier wird die nicht sichtbare 0 nicht herangezogen – ISTLEER prüft nur auf den tatsächlichen Inhalt. Hat ein Anwender aber ein „unsichtbares" Leerzeichen eingegeben, ist die Zelle nicht mehr leer!

Der Funktion ISTLEER ist es völlig egal, welche Inhalte sich in der jeweiligen Zelle befinden. Datum, Texte, Zeichen, numerische Werte, Fehlermeldungen, Formeln – Hauptsache die Zelle hat irgendeinen verwertbaren Inhalt.

Im nachfolgenden Beispiel befindet sich in Zelle A5 ein „unsichtbares" Leerzeichen. In Zelle A7 eine Summen-Funktion und in Zelle A8 eine Mittelwert-Funktion, welche einen Fehler produziert.

Syntax:

```
=ISTFEHLER(FUNKTION ODER ZELLE)
```

	A	B	C	D
1	**Wert**	**Prüfung**	**Formel**	
2	11.01.20	FALSCH	=ISTLEER(A2)	
3	Text	FALSCH	=ISTLEER(A3)	
4		WAHR	=ISTLEER(A4)	
5		FALSCH	=ISTLEER(A5)	
6	300	FALSCH	=ISTLEER(A6)	
7	300	FALSCH	=ISTLEER(A7)	
8	#DIV/0!	FALSCH	=ISTLEER(A8)	
9				

Abbildung 7.9: Istleer-Funktion in Excel.

7.6 Nicht – Funktion

Die Nicht-Funktion negiert eine logische Frage. Mit den Funktionen IST-ZAHL und ISTTEXT können wir fragen, **ob** dies zutrifft, nicht aber das Gegenteil. Die Funktion ISTGERADE hat zum Beispiel als Gegenstück ISTUNGERADE. Die erstgenannten und viele andere Funktionen verfügen aber über kein Gegenstück.

Wir möchten im nachfolgenden Beispiel gerne heraus finden, welche Zellen keine Zahlenwerte sind. Da es die Funktion KEINEZAHL nicht gibt, müssen wir die Funktion mit Hilfe von NICHT umkehren. Dabei verschachteln wir die Funktion mit anderen Funktionen.

Syntax:
```
=NICHT(FUNKTIONSNAME(PARAMETER))
=NICHT(ISTZAHL(WERT ODER ZELLE))
```

	A	B	C	D
1	**Wert**	**Prüfung**	**Formel**	
2	30	FALSCH	=NICHT(ISTZAHL(A2))	
3	Text	WAHR	=NICHT(ISTZAHL(A3))	
4	25	FALSCH	=NICHT(ISTZAHL(A4))	
5	50	FALSCH	=NICHT(ISTZAHL(A5))	
6	Text	WAHR	=NICHT(ISTZAHL(A6))	
7				

Abbildung 7.10: Nicht-Funktion in Excel.

Nehmen wir an, Sie möchten in unserer Tabelle prüfen (Abbildung 7.10), welche Werte bzw. Zellen keine numerischen Zahlenwerte sind. Die Nicht-Funktion ist dabei keine eigenständige Funktion – Sie muss zum Negieren mit einer anderen Funktion kombiniert und verschachtelt werden.

7.7 Oder – Funktion

Auch die Funktion ODER wird meist nicht alleine verwendet, sondern vor allem in Kombination mit der Wenn-Funktion. Wir werden später, in den nachfolgenden Kapitel, zu WENN noch auf ODER und UND zurückgreifen müssen. Ich werde Sie dann an dieses beiden Funktionen nochmals erinnern. Sie werden ODER und UND noch in der Wenn-Funktion benötigen.

Innerhalb der Oder-Funktion muss wenigstens einer der Abfragen stimmen, damit Sie ein WAHR als Rückgabewert erhalten – gerne aber auch mehrere oder alle Abfragen. Aber – nochmals – mindestens eine der Abfragen! Die einzelnen Abfragen oder auch Bedingungen werden innerhalb von ODER in

Klammern mit Semikolon getrennt angegeben – ODER(Bedingung1; Bedingung2; Bedingung3...).

Syntax:
=ODER(BEDINGUNG1;BEDINGUNG2;BEDINGUNG3...)

	A	B	C	D
1	**Wert A**	**Wert B**	**Prüfung**	**Formel**
2		300 Text	WAHR	=ODER(ISTZAHL(A2);ISTZAHL(B2))
3	Text	Text	FALSCH	=ODER(ISTZAHL(A3);ISTZAHL(B3))
4	500	400	WAHR	=ODER(ISTZAHL(A4);ISTZAHL(B4))
5				

Abbildung 7.11: Oder-Funktion in Excel.

Schauen wir uns das Beispiel Abbildung 7.11 genauer an. In Zelle C3 erhalten wir ein WAHR, weil mindestens einer der Bedingungen stimmt. Zelle A2 ist eine Zahl, Zelle B2 jedoch nicht – es wurde aber mindestens eine der Bedingungen erfüllt!

Syntax:
=ODER(ISTZAHL(A2);ISTZAHL(B2))

In Zelle C3 erhalten wir ein FALSCH, denn weder Zelle A3, noch Zelle B3 ist eine Zahl. Und da beide Bedingungen nicht simmen, reagiert die Funktion ODER mit einem FALSCH. In Zelle C4 erhalten wir wiederum ein WAHR – die Bedingung ISTZAHL(A4) ist richtig und die Bedingung ISTZAHL(B4) ist richtig. Da beide Bedingungen zutreffen, kommt es auch hier zu einem WAHR in der Ergebnisszelle.

7.8 Und – Funktion

Die Funktion UND ist das sogenannte Gegenteil der Oder-Funktion. Bei UND müssen alle Bedingungen innerhalb der Klammer als richtig erfüllt werden, damit es zu einem WAHR kommt. Stimmt nur eine einzige Bedingung nicht – kommt es sofort zu einem FALSCH.

Syntax:
=ODER(BEDINGUNG1;BEDINGUNG2;BEDINGUNG3...)

	A	B	C	D
	I15		f_x	
1	**Wert A**	**Wert B**	**Prüfung**	**Formel**
2		300 Text	FALSCH	=UND(ISTZAHL(A2);ISTZAHL(B2))
3	Text	Text	FALSCH	=UND(ISTZAHL(A3);ISTZAHL(B3))
4		500	400	WAHR	=UND(ISTZAHL(A4);ISTZAHL(B4))
5				
6				

Abbildung 7.12: Und-Funktion in Excel.

Alleine die Funktion in Zelle C4 liefert ein WAHR als Rückgabewert – nur hier stimmen beide Bedingungen, dass sowohl A4 als auch B4 ein Zahlenwert ist. In Zelle C2 stimmt nur eine Bedingung, in Zelle C3 gar keine der beiden Bedingungen.

Hinweis: Sie werden beide Funktionen ODER und UND später noch als sehr wichtige Komponenten in der Wenn-Funktion kennenlernen, wenn es darum geht mehrere Bedingungen in WENN abzufragen!

7.9 Wenn – Funktion

In diesem Kapitel werden wir uns ausführlich mit der sehr wichtigen und oft verwendeten Wenn-Funktion in Excel befassen. Wir starten mit den einfachen Wenn-Funktionen, bis hin zu komplexeren verschachtelten Aufbauten. Die Wenn-Funktion wird auch oft als: Wenn-Dann-Sonst Funktion bezeichnet, geschuldet ihrem Aufbau.

```
=WENN ( WENN - DANN - SONST )
```

```
=WENN ( FRAGE/N - DANN - SONST )
```

```
Syntax:
=WENN(BEDINGUNG;DANN;SONST)
```

	A	B	C
	Wert A	Prüfung	Formel
1			
2	300	Schlecht	=WENN(A2>500;"Gut";"Schlecht")
3			

Abbildung 7.13: Einfache Wenn-Funktion in Excel.

Stimmt / stimmen Ihre Frage oder Fragen – oder auch Bedingung/en – kommt es zur Ausführung der „Befehle", welche im Dann-Block stehen. Stellt / stellen sich Ihre Frage/n als falsch heraus, werden die Anweisungen im Sonst-Block ausgeführt. Doch wie definiere ich eine Frage, wie sehen die Anweisungen im Dann- und Sonst-Block aus? Schauen wir uns erst Möglichkeiten der Fragestellungen an – dann welche Möglichkeiten Sie im Dann- und Sonst-Bereich haben.

Fragen bzw. Bedingungen.

Diese können einerseits mit einem Vergleichsoperator erfolgen oder auch mit einer entsprechenden Funktion. Nachfolgend sehen Sie ein paar Beispiele aufgeführt.

Bedingung	Erklärung
=WENN(B3 = 100 ...	Zelle B3 gleich 100
=WENN(B3 < 100 ...	Zelle B3 kleiner 100
=WENN(B3 > 100 ...	Zelle B3 größer 100
=WENN(B3 < = 100 ...	Zelle B3 kleiner oder gleich 100
=WENN(B3 > = 100 ...	Zelle B3 größer oder gleich 100
=WENN(B3 <> 100 ...	Zelle B3 ungleich 100
=WENN(B3 = D3 ...	Zelle B3 gleich Zelle D3
=WENN(B3 = „Mo" ...	Zelle B3 ist gleich Text „Mo"
=WENN(ISTZAHL(B3) ...	Zelle B3 ist ein numerischer Wert

Abbildung 7.14: Übersicht Möglichkeiten der Bedingungen.

Sie können also zum Beispiel Zellen mit festen Werten oder Texte vergleichen, Sie können Zellen mit anderen Zellen vergleichen oder Funktionen verwenden, welche Ihnen entsprechende WAHR oder FALSCH Werte zurückgeben.

Reagieren im Dann- und Sonst-Block.

Sollte Ihre Bedingung zutreffen oder eben nicht zutreffen, können Sie entsprechend reagieren und eine Anweisung ausgeben. Wichtig – Sie können ausschließlich die Zelle mit Ausgaben ändern – Formatierungen und Farben sind nicht möglich. Sie können also nicht aufgrund einer Bedingung die Zellfarbe verändern. Wenn der Zellwert kleiner 500 ist, dann ändere die Zellfarbe in ein Rot – dies ist nicht möglich mit der Wenn-Funktion. Dafür gibt es die sogenannte bedingte Formatierung.

Dann- Sonst-Anweisung	Erklärung
5	Ausgabe einer 5
„Warnung!"	Ausgabe eines Textes
„"	Zelle leer lassen
B5*B6	Zwei Zellen multiplizieren
SUMME(B2:B5)	Eine Funktion ausführen

Abbildung 7.15: Mögliche Dann- Sonst-Anweisungen.

Einfache Wenn-Funktion

Genug der Theorie, am besten starten wir erst einmal mit den einfachen Beispielen und steigern das Ganze dann mit komplexeren Wenn-Funktionen. Schauen wir unser Beispiel in Abbildung 7.16 an. Wir haben eine Liste von Mitarbeitern. Unsere Bedingung ist, der Jahresumsatz muss größer oder gleich 50000 betragen, damit der Mitarbeiter 20% Bonus erhält (welcher auch sofort berechnet werden soll) – ansonsten geben wir in der Zelle ein „Nein" aus. **Wenn** also in Zelle B2 der Wert größer oder gleich 50000 entspricht – **dann** berechne bitte direkt die Zelle B2 multipliziert mit 1,2 – **sonst** trage direkt den Text „Nein" in die Zelle ein.

Syntax:
=WENN(B2>=50000;B2*1,2;"Nein")

	A	B	C	D
1	MA	Umsatz	Prüfung	Formel
2	Meier	20000	Nein	=WENN(B2>=50000;B2*1,2;"Nein")
3	Schmid	30000	Nein	=WENN(B3>=50000;B3*1,2;"Nein")
4	Brenner	80000	96000	=WENN(B4>=50000;B4*1,2;"Nein")
5	Opitz	50000	60000	=WENN(B5>=50000;B5*1,2;"Nein")
6				

Abbildung 7.16: Erste einfache Wenn-Funktion in Excel.

Steigern wir das Ganze etwas. Im unteren Beispiel Abbildung 7.17 haben wir folgendes Szenario: Unsere Wenn-Funktion soll prüfen, ob der jeweilige Umsatz größer als der durchschnittliche Umsatz aller Mitarbeiter ist. Entsprechend ausgegeben wird der Text „Besser!" – oder eben „Schlechter!".

Syntax:
```
=WENN(B2>MITTELWERT($B$2:$B$5);"Besser!";"Schlech-
ter!")
```

	A	B	C	D
1	MA	Umsatz	Prüfung	Formel
2	Meier	20000	Schlechter!	=WENN(B2 > MITTELWERT($B$2:$B$5); "Besser!"; "Schlechter!")
3	Schmid	30000	Schlechter!	=WENN(B3 > MITTELWERT($B$2:$B$5); "Besser!"; "Schlechter!")
4	Brenner	80000	Besser!	=WENN(B4 > MITTELWERT($B$2:$B$5); "Besser!"; "Schlechter!")
5	Opitz	50000	Besser!	=WENN(B5 > MITTELWERT($B$2:$B$5); "Besser!"; "Schlechter!")
6				

Abbildung 7.17: Erweiterte Wenn-Funktion in Excel.

Wenn also die Zelle B2 größer als der MITTELWERT von B2 bis B5 ist, **dann** schreibe in die Zelle den Text „Besser!" – **sonst** den Text „Schlechter!".

Hinweis: Beachten Sie beim MITTELWERT($B$2:$B$6) die Dollarzeichen und damit den absoluten Bezug. Dies ist wichtig, wenn wir die Wenn-Funktion nach unten kopieren. Der Vergleich muss sich ja immer auf den Durchschnitt von B2 bis B6 beziehen und darf sich nicht verschieben.

Gehen wir zum nächsten Beispiel. Sie kennen ja noch unsere Istgerade-Funktion aus dem Kapitel 7.3, welche wir nun für das nachfolgende Beispiel verwenden werden. Wenn diese Funktion auf einen nicht numerischen Wert angewandt wird, kommt es ja zu einer Fehlermeldung – diese wollen wir nun mit Hilfe der Funktion WENN abfangen.

Syntax:
=WENN(ISTFEHLER(ISTGERADE(A2));"Ja";"Nein")

	A	B	C	D	E
1	Wert	Gerade?	Formel	Fehler?	Formel
2	260	WAHR	=ISTGERADE(A2)	Nein	=WENN(ISTFEHLER(ISTGERADE(A2));"Ja";"Nein")
3	39.01.2020	#WERT!	=ISTGERADE(A3)	Ja	=WENN(ISTFEHLER(ISTGERADE(A3));"Ja";"Nein")
4	Text	#WERT!	=ISTGERADE(A4)	Ja	=WENN(ISTFEHLER(ISTGERADE(A4));"Ja";"Nein")
5					

Abbildung 7:18: Fehlermeldung prüfen mit Wenn- und Istfehler-Funktion.

In den Zellen B2, B3 und B4 haben wir jeweils eine Istgerade-Funktion. Sie prüft, ob sich in den Zellen links von Ihr eine gerade oder ungerade Zahl befindet. Bei nicht numerischen Zellwerten bekommen wir jedoch eine entsprechende Fehlermeldung #WERT? angezeigt.

In den Zellen D2, D3 und D4 befindet sich nun unsere Wenn-Funktion, welche wiederum eine Istfehler-Funktion beinhaltet und unsere Ausgabe in B2, B3 und B4 prüft.

Wenn in Zelle A2 - eine Funktion - eine Fehlermeldung erzeugt, **dann** gebe aus den Text „Ja" – **sonst** den Text „Nein".

Allerdings ist dieses Konstrukt nicht besonders befriedigend. Immerhin wird für den Anwender immer noch die Fehlermeldung sichtbar in der Tabelle angezeigt. Interessanter wäre es doch, wenn mit Hilfe der Wenn-Funktion geprüft wird, ob die Funktion ISTGERADE eine Fehlermeldung erzeugt. Basierend darauf – wird diese Funktion ausgeführt oder eben nicht.

Syntax:
```
=WENN(ISTFEHLER(ISTGERADE(A2));"Fehler!";ISTGERA-
DE(A2))
```

	A	B	C
1	Wert	Gerade?	Formel
2	260	WAHR	=WENN(ISTFEHLER(ISTGERADE(A2));"Fehler!";ISTGERADE(A2))
3	39.01.2020	Fehler!	=WENN(ISTFEHLER(ISTGERADE(A3));"Fehler!";ISTGERADE(A3))
4	Text	Fehler!	=WENN(ISTFEHLER(ISTGERADE(A4));"Fehler!";ISTGERADE(A4))
5			

Abbildung 7.19: Fehlermeldung abfangen mit Wenn-Funktion.

In unserem Beispiel Abbildung 7.19 wird dem Nutzer erst gar keine Fehlermeldung (#WERT?) Angezeigt. Die Wenn-Funktion testet erst, ob die Funktion ISTGERADE einen Fehler produzieren würde. Wenn ja, wird ein Text ausgegeben („Fehler!"), ansonsten kann ISTGERADE ja verwendet und ausgeführt werden.

ISTFEHLER(x) prüft also die Funktion ISTGERADE(A2) lediglich darauf, ob diese eine Excel-Fehlermeldung erzeugen würde oder nicht. Dabei wird wie in

Kapitel 2.7 beschrieben bei verschachtelten Funktionen immer von Innen nach Außen gelesen:

```
=WENN( ISTFEHLER (ISTGERADE(A2) ) ; ...
=WENN( ISTFEHLER (Excel Fehlermeldung) ) ; ...
=WENN( BEDINGUNG STIMMT ; ...
```

Wenn ISTGERADE(A2) ein ISTFEHLER erzeugt – **dann** gebe aus den Text „Fehler!" – **sonst** führe die Funktion ISTGERADE(A2) aus.

Hinweis: Es ist noch anzumerken, dass in dem vorherigen Beispiel es auch noch eine einfachere Lösung mit der Funktion WENNFEHLER gibt, welche Sie im nächsten Kapitel kennenlernen werden.

Was tun, wenn es mehr als eine Bedingung zu erfüllen gilt?
Die Syntax der Funktion erlaubt grundsätzlich nur eine Bedingung. Dies liegt daran, dass eine Wenn-Funktion nur aus drei Argument Bereiche besteht und bestehen darf. Der Bedingung **(1)**, dem Dann-Bereich **(2)** und dem Sonst-Bereich **(3)**.

Syntax:
```
=WENN ( 1 ; 2 ; 3 )
```

Falsch:
```
=WENN(BEDINGUNG1 ; BEDINGUNG2 ; BEDINGUNG3; DANN ;
SONST)
```

Die Schreibweise: =WENN(1;1;1;1;2;3) wäre daher falsch und würde zu einer Fehlermeldung führen. Die Lösung ist: Im Bereich der Bedingung, die weiteren Fragen und somit Bedingungen zu verschachteln: =WENN((1;1;1;1) ; 2 ; 3) – die Bedingungen, getrennt durch ein Semikolon, werden in Klammern geschachtelt.

Richtig:
```
=WENN( (BEDINGUNG1;BEDINGUNG2;BEDINGUNG3) ; DANN ;
SONST)
```

Wichtig: Aber hier stellt sich gleich die folgende Frage: müssen **alle** Bedingungen stimmen, damit es zu einem DANN kommt? Oder reicht es Ihnen aus, wenn **eine** der Bedingungen zutrifft und es dadurch bereits zur Ausführung der DANN Anweisungen kommt?

Hier kommen nun die logischen Excel-Funktionen ODER und UND aus den Kapiteln 7.7 und 7.8 ins Spiel!

Syntax:
```
=ODER(BEDINGUNG1;BEDINGUNG2;BEDINGUNG3...)
=UND(BEDINGUNG1;BEDINGUNG2;BEDINGUNG3...)
```

Alle, mehrere oder wenigstens eine der Bedingungen müssen erfüllt werden:
```
=WENN( ODER(BEDINGUNG1; BEDINGUNG2; BEDINGUNG3) ;
DANN ; SONST )
```

Es müssen alle Bedingen erfüllt werden:
```
=WENN( UND(BEDINGUNG1; BEDINGUNG2; BEDINGUNG3) ;
DANN ; SONST )
```

Erstellen Sie bitte eine entsprechende Beispieltabelle, wie nachfolgend abgebildet. Wir haben die Abteilung Süd und Nord mit Umsätzen aus 2019 und 2020. Im ersten Fall müssen diese Gruppen in beiden Jahren mehr als 50.000 Euro Umsatz erreicht haben, um von der Provision profitieren zu können. Im zweiten Beispiel reicht es aus, wenigstens in einem der beiden Jahren die Umsatzgrenze zu überschreiten.

Syntax:
`=WENN(UND(B2>50000;C2>50000);"Ja";"Nein")`

	A	B	C	D	E
1	**Gruppe**	**2019**	**2020**	**Provision?**	**Formel**
2	Süd	57000	73000	Ja	=WENN(UND(B2>50000;C2>50000);"Ja";"Nein")
3	Nord	65000	49000	Nein	=WENN(UND(B3>50000;C3>50000);"Ja";"Nein")
4					

Abbildung 7.20: Wenn-Funktion in Kombination mit der Und-Funktion.

Wenn Zellwert B2 größer ist als 50000 UND der Zellwert C2 größer ist als 50000, **dann** gebe aus den Text „Ja" – **sonst** den Text „Nein".

Nur die Gruppe Süd erhält eine Provision, da nur hier innerhalb der Funktion UND beide Bedingungen auch zutreffen: UND(Bedingung1;Bedingung2).

H i n w e i s: Jede Frage bzw. Bedingung muss einzeln abgefragt werden. In unserem Fall ob B2>50000 ist und ob C2>50000 ist (und so weiter). Es ist nicht möglich, die Bedingungen in einem Satz wie folgt zu formulieren: B2:C2>50000.

Kommen wir zum nächsten Beispiel mit WENN in Kombination mit ODER – nur einer der Umsätze muss die 50000 erreichen. Aber mindestens Einer!

Syntax:
```
=WENN(ODER(B2>50000;C2>50000);"Ja";"Nein")
```

	A	B	C	D	E
1	Gruppe	2019	2020	Provision?	Formel
2	Süd	57000	73000	Ja	=WENN(ODER(B2>50000;C2>50000);"Ja";"Nein")
3	Nord	65000	49000	Ja	=WENN(ODER(B3>50000;C3>50000);"Ja";"Nein")
4					

Abbildung 7.21: Wenn-Funktion in Kombination mit der Oder-Funktion.

Wenn Zellwert B2 größer ist als 50000 ODER der Zellwert C2 größer ist als 50000, dann gebe aus den Text „Ja" – sonst den Text „Nein".

Zusammengefasst:

Abbildung 7.20: Die Gruppe Süd erhält die Meldung „Ja" – weil hier beide Bedingungen erfüllt werden. Die Gruppe Nord erhält den Text „Nein" aus dem Sonst-Block, da nur eine der beiden Bedingungen (in B3 – aber nicht D3) erfüllt wurden.

Abbildung 7.21: Beide Gruppen, Süd und Nord, erhalten die Meldung „Ja" und damit die Provision – da die Gruppe Süd beide Bedingungen erfüllt und die Gruppe Nord wenigstens eine der Bedingungen- der Zellwert in B3 ist größer als 50000.

Was, wenn Sie sowohl UND, als auch ODER Bedingungen haben?

Unter Umständen kann es vorkommen, dass es Bedingungen gibt, welche auf jedenfalls alle WAHR sein müssen und Bedingungen, welche OPTIONAL sind. Wie kann man hier die beiden logischen Funktionen UND und ODER kombinieren? Immer noch gilt – es gibt drei Bereiche in einer Wenn-Funktion und nicht mehr. Die Excel-Entwickler haben dies wie nachfolgend gelöst. Die

Funktionen UND und ODER werden einfach nacheinander geschrieben. Da ein Semikolon als Trenner nicht erlaubt ist – hat man sich zu einem * (Stern) Zeichen entschieden. Fragen Sie mich nicht, wieso die Excel-Entwickler einen * als Trenner verwendet haben – wir müssen es einfach akzeptieren.

Syntax:
```
=WENN( UND(U1;U2;U3) * ODER(O1;O2) ; DANN ; SONST )
```

Wenn alle UND Bedingungen U1, U2, U3 stimmen und **mindestens eine** der ODER Bedingungen O1, O2 zutrifft – **dann** kommt es zur Dann-Anweisung, **sonst** zur Sonst-Anweisung.

Ein Beispiel mit UND und ODER kombiniert.
In der Beispielabbildung 7.22 haben wir folgendes Szenario. Wir haben Kunden, denn wir erlauben (oder nicht erlauben) per Rechnung bei uns zu bestellen. Bedingung ist - in all der Zeit muss der Umsatz jedes Jahr über 1000 Euro gelegen haben. Dazu muss der Kunde entweder mehr als 5 Jahre bei uns registriert sein, oder eine positive Bonität haben.

Kunde Meier kann auf Rechnung einkaufen. Denn alle seine Umsätze sind jedes Jahr über 1000 Euro. Er ist zwar erst seit 3 Jahren Kunde bei uns, dafür hat er aber eine entsprechende Bonität. Kunde Fischer dagegen kann nicht auf Rechnung bestellen. Auch er hat jedes Jahr über 1000 Euro umgesetzt, aber er ist weder seit über 5 Jahren Kunde, noch hat er eine entsprechende Bonität.

Syntax:
```
=WENN(UND(D2>1000;E2>1000;F2>1000)*ODER(B2>5;C2="Ja"
);"Ja";"Nein")
```

	A	B	C	D	E	F	G	H	I
1	**Kunde**	**Kunde seit**	**Bonität**	**2018**	**2019**	**2020**			
2	Meier	3	Ja	2300	3200	1900			
3	Fischer	3	Nein	3900	5600	7200			
4									
5		**Ergebnis:**							
6	Meier	Ja	=WENN(UND(D2>1000;E2>1000;F2>1000)*ODER(B2>5;C2="Ja");"Ja";"Nein")						
7	Fischer	Nein	=WENN(UND(D3>1000;E3>1000;F3>1000)*ODER(B3>5;C3="Ja");"Ja";"Nein")						
8									

Abbildung 7.22: Wenn-Funktion kombiniert mit Und- und Oder-Funktion.

Wenn alle (UND) Zellwerte in D2, E2 und F2 größer sind wie 1000 und **mindestens einer** (ODER) der zellwerte B2 größer 5 bzw. C2 dem Text „Ja" entspricht, **dann** wird der Text „Ja" ausgegeben – **sonst** der Text „Nein".

Was, wenn es mehrere Bedingungen und mehrere Antworten gibt?
Nochmals zur Erinnerung. Die Wenn-Funktion verfügt nur über drei Bereiche. Der Teil der Bedingungen, den DANN-Block und den SONST-Block. Das Prinzip Bedingung1 – Antwort 1 – Bedingung 2 – Antwort 2 - Bedingung 3 – Antwort 3 usw. ist weder so vorgesehen – noch funktioniert dies.

Wir erinnern uns an den Grundaufbau:
=WENN(BEDINGUNG;DANN;SONST)

Nicht möglich wäre dieses Konstrukt:
=WENN(BEDINGUNG;DANN;SONST;SONST;SONST)

Gelöst wird diese Aufgabenstellung durch das Verschachteln mehrerer Wenn-Funktionen hintereinander. Erinnern Sie sich an die Sendung „was bin ich?". Bei einer Frage kommt es zu einem logischen „Ja" (damit die die Fragerunde beendet) oder zu einem logischen „Nein". Bei einem „Nein" erfolgt dann die nächste Frage – welche wiederum in einem „Ja" oder „Nein" enden kann – so lange bis die Fragereihe (erfolgreich) beendet wurde.

Wir könnten also fragen, ob in der Zelle B2 der Text „Süd" steht – wenn ja ist unsere Wenn-Funktion am Ziel und führt die entsprechende Anweisung aus. Wenn die Bedingung nicht erfüllt wurde – könnte eine weitere Wenn-Funktion folgen. Und eine neue Wenn-Funktion bedeutet eine neue Frage und zwei neue mögliche Anweisungen.

Syntax:
```
=WENN1(BEDINGUNG1;DANN; WENN2(BEDINGUNG2;DANN;SONST)
```

Wenn die BEDINGUNG1 richtig ist, wird das erste DANN ausgeführt. Wenn nicht, kommt es zum Ausführen des SONST-Teiles und hier wartet die nächste Wenn-Funktion, welche ja wiederum aus einem Frage-Block, Dann-Block und Sonst-Block besteht. Wer möchte, könnte im letzten Sonst-Block nochmals eine Wenn-Funktion einfügen, welche dann eine weitere Frage hat usw.

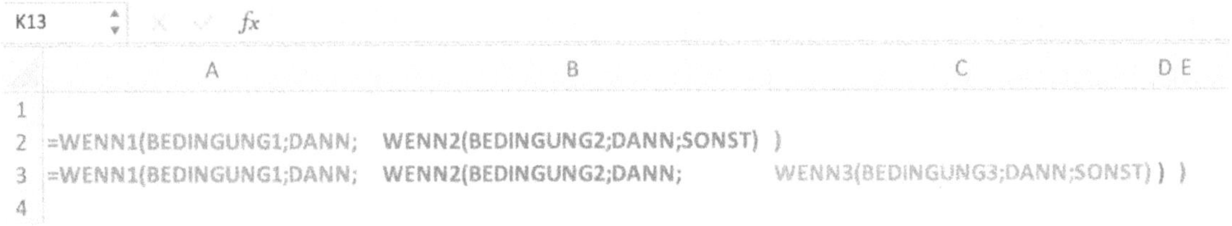

Abbildung 7.23: Verschaltete Wenn-Funktion farblich dargestellt.

Immer im Sonst-Block (S) kann erneut eine weitere Wenn-Funktion folgen. Hatten Sie bereits Kontakt zu solchen verschachtelten Wenn-Funktionen? Dann wissen Sie nun, warum diese oftmals unendlich lang erscheinen.

Betrachten wie das Beispiel in Abbildung 7.24 genauer. In Abhängigkeit der Zelle A2 möchten wir in Zelle B2 einen entsprechenden Kommentar hinter-

100

lassen. Ist in A2 der Text „Süd" eingetragen, möchten wir den Kommentar „Gruppe Süd" eintragen. Bei „Nord" den Kommentar „Gruppe Nord" – und wenn nichts davon zutrifft, den Kommentar „Keine Gruppe". Wir haben genaugenommen also zwei verschiedene Bedingungen (Fragen), welche drei verschiedene Antworten auslösen können.

Syntax:
```
=WENN(A2="Nord";"Gruppe Nord";WENN(A2="Süd";"Gruppe
Süd";"Keine Gruppe"))
```

	A	B	C
	E10		fx
1	Info	Kommentar	Formel
2	Süd	Gruppe Süd	=WENN(A2="Nord";"Gruppe Nord";WENN(A2="Süd";"Gruppe Süd";"Keine Gruppe"))
3			
4			

Abbildung 7.24: Verschachtelte Wenn-Funktion in Excel.

Wir starten mit einem – **WENN** der Zellwert in A2 der Text „Nord" ist, **DANN** schreibe den Text „Gruppe Nord" als Ergebnis in B2 (und damit wäre unsere Wenn-Funktion auch zu Ende) – **SONST** starte eine neue Wenn-Funktion. **WENN** in der zweiten Wenn-Funktion die Bedingung stimmt, dass der Zellwert B2 dem Text „Süd" entspricht, **DANN** schreibe den Text „Gruppe Süd" in die Zelle B2 – **SONST** schreibe den Text „Keine Gruppe".

Schauen wir uns noch ein letztes Szenario an. Erstellen Sie eine Beispieltabelle wie in Abbildung 7.25 aufgebaut. Nehmen wir an, wir wollen einen Lagerbestand (in Zelle A3) überwachen. Fällt der Lagerstand unter den Wert 10 – soll die Meldung „niedrig" erscheinen, zwischen den Werten 10 und 100 die Meldung „ok" und über dem Lagerbestand von 100 dann die Information „hoch".

Syntax:
```
=WENN(A2<10;"niedrig";WENN(A2>100;"hoch";"ok"))
```

F7		f_x		
	A	B	C	D
1	**Lagerbestand**	**Kommentar**	**Formel**	
2	33	ok	=WENN(A2<10;"niedrig";WENN(A2>100;"hoch";"ok"))	
3				

Abbildung 7.25: Verschachtelte Wenn-Funktion in Excel.

Wenn der Lagerwert in Zelle A2 kleiner 10 ist, **dann** wird der Text „niedrig" ausgegeben – **sonst** folgt eine weitere Wenn-Funktion. **Wenn** hier nun der Lagerwert in Zelle A2 größer wie 100 ist, **dann** erfolgt die Textausgabe „hoch" – **sonst** erscheint der Text „ok".

Statt der Textausgabe „ok" könnte eine weitere Wenn-Funktion folgen, welche am Ende im Sonst-Block wiederum eine weitere Wenn-Funktion hat, welche wiederum am Ende eine weitere Wenn-Funktion beinhaltet usw. Wenn bei den Bedingungen, Dann- und Sonst-Bereichen auch noch selbst längere Argumente stehen – wird es sehr schnell unübersichtlich.

H i n w e i s : Gerade für das Beispiel Abbildung 7.25 gibt es mit dem SVERWEIS mitunter eine bessere Lösung, statt der Wenn-Funktion. Haben Sie mehrere Fragen bzw. Bedingungen und mehrere mögliche Antworten – schauen Sie, ob diese nicht mit dem SVERWEIS einfacher und eleganter gelöst werden können.

T i p p : Drucken Sie sich verschachtelte Wenn-Funktionen auf ein extra Blatt Papier aus – zum Beispiel – und markieren sich mit einem Stift die einzelnen Bereiche. Dies kann helfen, den Überblick über die einzelnen Blöcke zu bekommen.

7.10 Wennfehler – Funktion

Im vorherigen Kapitel haben Sie gelernt, wie man bei den einzelnen Parametern der Wenn-Funktion immer weitere Funktionen verwendet und verschachtelt. Schauen Sie sich bitte nochmals das Beispiel in Abbildung 7.19 an. Unsere Wenn-Funktion hat mit ISTFEHLER geprüft, ob ISTGERADE eine Fehlermeldung erzeugt. War dies nicht der Fall, so wurde ISTGERADE erneut aufgerufen. Hier noch einmal die entsprechende Syntax, welche wir verwendet haben.

Syntax:
```
=WENN(ISTFEHLER(ISTGERADE(A2));"Fehler!";ISTGERA-
DE(A2))
```

Auffällig ist die umständliche und vor allem doppelte Schreibweise. Im vorderen Bereich verwenden wir ISTFEHLER und ISTGERADE für die Prüfung – im letzten hinteren Bereich folgt erneut ISTGERADE, um dann letztendlich die benötigte Berechnung aus zu führen. Dies geht schneller, direkter und einfacher mit der Wennfehler-Funktion, bei der die Fehler-Prüfung und Ausführung in einem Schritt erfolgt. Mit WENNFEHLER sparen Sie sich damit eine Menge an Schreibarbeit und vor allem wichtiger Platz in der Formelbearbeitungsleiste.

Syntax:
```
=WENNFEHLER(FUNKTION(ARGUMENTE) ; REAKTION IM FALLE
EINES FEHLERS)
```

In unserem unten abgebildeten Beispiel ist die Prüfung und die Ausführung ein einziger Block in der Funktion. Die Funktion ISTGERADE(A2) wird auf erst auf ihre Gültigkeit geprüft – erzeugt sie eine Fehlermeldung – so wird direkt der zweite Block ausgeführt. In unserem Fall erfolgt dann eine Textausgabe „Fehlermeldung!". Kommt es jedoch zu keiner Fehlermeldung – wird ISTGERADE(A2) berechnet.

Syntax:
=WENNFEHLER(ISTGERADE(A2);"Fehlermedlung!")

I14		✕ ✓	fx		
	A	B		C	D
1	**Wert**	**Prüfung und Ausgabe**	**Formel**		
2		40	WAHR	=WENNFEHLER(ISTGERADE(A2);"Fehlermedlung!")	
3	Text		Fehlermedlung!	=WENNFEHLER(ISTGERADE(A3);"Fehlermedlung!")	
4		20	WAHR	=WENNFEHLER(ISTGERADE(A4);"Fehlermedlung!")	
5					

Abbildung 7.26: Wennfehler-Funktion in Excel.

Auch die Wennfehler-Funktion kann man hintereinander wie bei der Wenn-Funktion verschachteln. Statt der Ausgabe eines Textes – wie in unserem Beispiel gerade eben in Abbildung 7.26 – kann auch eine erneute Prüfung einer weiteren Funktion erfolgen. Im nächsten Beispiel möchten wir unsere Zellen erst einmal prüfen, ob es sich um gerade Zahlen handelt. Ist dies nicht der Fall, so prüfen wir, ob es sich um einen Text handeln könnte – oder ob sogar beides nicht zutrifft.

Syntax:
=WENNFEHLER(FUNKTION1() ; WENNFEHLER(FUNKTION2();FEHLERBEHANDLUNG))

In unserem Beispiel Abbildung 7.27 prüfen wir zuerst, ob die Zelle A2 mit der Funktion ISTGERADE(A2) berechnet werden kann. Ist dies möglich, wird die Funktion auch ausgeführt. Ist dies nicht möglich, folgt als Fehlerbehandlung eine zweite Wennfehler-Funktion. Diese versucht nun ISTUNGERADE(A2) auszuführen. Ist dies wiederum möglich, so wird der entsprechende Wert berechnet – ansonsten erfolgt letztendlich die Textausgabe „Nichts davon!".

Syntax:
```
=WENNFEHLER(ISTGERADE(A2);WENNFEHLER(ISTUNGERA-
DE(A2);"Nichts davon!"))
```

	A	B	C
	G14	f_x	
1	Wert	Prüfung und Ausgabe	Formel
2	40	WAHR	=WENNFEHLER(ISTGERADE(A2);WENNFEHLER(ISTUNGERADE(A2);"Nichts davon!"))
3	Text	Nichts davon!	=WENNFEHLER(ISTGERADE(A3);WENNFEHLER(ISTUNGERADE(A3);"Nichts davon!"))
4	33	FALSCH	=WENNFEHLER(ISTGERADE(A4);WENNFEHLER(ISTUNGERADE(A4);"Nichts davon!"))
5			

Abbildung 7.27: Verschachtelte Wennfehler-Funktion in Excel.

7.11 Tipp: Istdatum – Funktion

Am Ende dieses Kapitels „logische Funktionen in Excel" möchte ich noch auf die Funktion ISTDATUM eingehen, welche es zum Beispiel in Apple Excel Tabellenkalkulation gibt – nicht jedoch in Excel! Umsteiger suchen daher oft vergeblich im Funktionsassistenten danach.

Als Erstes – wir benötigen eine völlig andere Excel-Funktion, welche wir für diesen Zweck „missbrauchen" und müssen diese am Ende wiederum mit einer Wenn-Funktion kombinieren, um eine entsprechende WAHR oder FALSCH Reaktion auszuführen. Zum Einsatz kommt die sogenannte Funktion ZELLE. Damit können Sie viele interessante Dinge machen.

Syntax:
```
=ZELLE("FORMAT";WERT ODER ZELLBEZUG)
=ZELLE("FORMAT";A2)
```

	A	B	C	D
1	Prüfen	Ergebnis	Formel	
2		12.03.20 D1	=ZELLE("Format";A2)	
3	Text	S	=ZELLE("Format";A3)	
4		200 S	=ZELLE("Format";A4)	
5		01.01.20 D1	=ZELLE("Format";A5)	
6				

Abbildung 7.28: Format Ausgabe mit der Zelle-Funktion.

In unserem oberen Beispiel Abbildung 7.28 prüfen Sie mit: =ZELLE("Format";A2) welches Format in dem entsprechenden Zellbezug (A2) sich befindet. Ist ein Datums(format) erkannt worden – bekommen Sie als Rückgabewert „D1". Dies können Sie nun bei Bedarf mit einer Wenn-Funktion kombinieren.

	A	B	C
1	Prüfen	Ergebnis	Formel
2		12.03.20 Datum!	=WENN(ZELLE("Format";A2)="D1";"Datum!";"Kein Datum!")
3	Text	Kein Datum!	=WENN(ZELLE("Format";A3)="D1";"Datum!";"Kein Datum!")
4		200 Kein Datum!	=WENN(ZELLE("Format";A4)="D1";"Datum!";"Kein Datum!")
5		01.01.20 Datum!	=WENN(ZELLE("Format";A5)="D1";"Datum!";"Kein Datum!")
6			

Abbildung 7.29: Wenn- und Zelle-Funktion in Kombination.

Mit Hilfe der Wenn-Funktion prüfen wir: **Wenn** die Funktion ZELLE in der Zelle A2 das Format „D1" erkennt, **dann** schreiben wir in unsere Ergebniszelle den Text „Datum!", **sonst** den Text „Kein Datum!".

Syntax:
=WENN(ZELLE("Format";A2)="D1";"Datum!";"Kein
Datum!")

Tipp: Ich möchte jetzt nicht zu arg abschweifen. Die Funktion ZELLE hat noch weitere interessante Parameter. Probieren Sie bei einer gespeicherten Arbeitsmappe in einer leeren freien Zelle einmal Folgendes aus: =ZELLE(„DATEINAME"). Sie bekommen dann den kompletten Dateipfad der Mappe angezeigt.

Syntax:
=ZELLE(„DATEINAME")

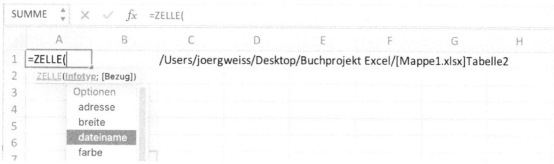

Abbildung 7.30: Zelle-Funktion mit kompletten Arbeitsmappenpfad.

Kapitel 8 - Referenz Funktionen in Excel

8.1 Sverweis – Funktion

Eine der bekanntesten Referenz Funktionen dürfte der sogenannte SVERWEIS sein. Ich bezeichne den SVERWEIS gerne als „Suchen & Finden" Funktion. Mit ihm haben Sie die Möglichkeit aus einer Referenztabelle – wie bei einer Abfrage – nach einem bestimmten Wert zu suchen und dann den dazu entsprechenden vorgegebenen Wert (aus einer vordefinierten Liste) zurückzuliefern. Man könnte den SVERWEIS auch sehr gut mit einer mehrfachen Wenn-Funktion vergleichen. Sie haben eine Bedingung, nach der Sie in einer Liste suchen, und eine entsprechende Antwort als Rückgabewert zurückbekommen.

Syntax:
```
=SVERWEIS(SUCHE  NACH?;SUCHE  WO?;ERGEBNISSPALTE?;EX-
AKTE ODER UNGEFÄHRE SUCHE?)
```

Lassen Sie uns mit einem einfachen Beispiel, wie in Abbildung 8.1 aufgeführt, beginnen. Erstellen Sie eine neue Tabelle. In der Spalte haben wir unseren Kunden. In der Spalte B den Jahresumsatz. Und in Spalte C wollen wir in Zelle C2 den SVERWEIS eintragen, welcher uns aus einer Vergleichstabelle den entsprechend vorgegebenen Rabatt zurückbringt. Erstellen Sie dazu noch in Spalte E und F die entsprechenden Umsatz und Rabattwerte. Klicken Sie dann auf Zelle C2 und geben die nachfolgende Sverweis-Funktion ein. Wie der SVERWEIS genau aufgebaut ist, werden wir direkt danach besprechen.

Syntax:

```
=SVERWEIS(B2;E2:F6;2;FALSCH)
```

	A	B	C	D	E	F	G
	M16		fx				
1	**Kunde**	**Umsatz**	**Rabatt**		**Umsatz**	**Rabatt**	
2	Meier	5000	100		0	0	
3					1000	10	
4					5000	100	
5					10000	500	
6					50000	1000	
7							
8							
9	**Formel:**	=SVERWEIS(B2;E2:F6;2;FALSCH)					
10							

Abbildung 8.1: Sverweis-Funktion in Excel.

Nach Bestätigen der Funktion sollte das Ergebnis – in unserem Fall die 100 Euro – angezeigt werden. Bei einem Umsatz von 5000 Euro beträgt der Rabatt 100 Euro. Sie können den Wert in Zelle B2 ja auf 10000 Euro ändern – nun müsste ein Rabatt von 500 Euro als Ergebnis in der Zelle C2 stehen.

Der SVERWEIS nimmt also anscheinend den Wert aus Zelle B2, sucht diesen Wert in dem Bereich E2 bis F6 und wenn der Umsatz gefunden wurde, wird rechts davon der entsprechende Rabatt Wert aus Spalte 2 (Spalte 2 der Suchtabelle) zurückgegeben.

8				
9	**Formel:**	=SVERWEIS(B2 ; E2:F6 ; 2 ; FALSCH)		
10		(1) (2) (3) (4)		

Abbildung 8.2: Aufbau Sverweis-Funktion in Excel.

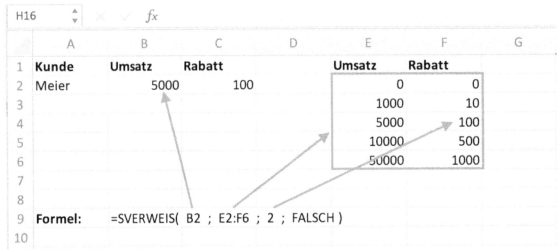

Abbildung 8.3: Arbeitsweise Sverweis-Funktion in Excel.

(1) Das erste Argument ist der Wert bzw. die Zelle, nachdem / nach der gesucht werden soll – man könnte also sagen: der Suchbegriff. In unserem Fall: Suche nach dem Wert, welcher sich in B2 befindet.

(2) Das zweite Argument ist der Suchbereich. Wo soll der SVERWEIS suchen für Sie? Mit oder ohne Zellüberschriften ist in unserem Beispiel egal. Wichtig ist nur, dass Sie sowohl die Spalte mit den gesuchten Werten, als auch die Spalte mit den Ergebnissen komplett markieren. Unser SVERWEIS soll also bitte im Bereich E2 bis F6 suchen und von dort auch das Ergebnis zurücklie-fern. Diese Such- und Vergleichstabelle muss nicht auf dem gleichen Arbeits-blatt sein. Sie kann sich zum Beispiel auf einem anderen Tabellenblatt befinden.

(3) Das dritte Argument ist etwas schwieriger zu beschreiben. Wenn der SVERWEIS nun den entsprechenden Umsatz gefunden hat, aus welcher Spalte – dieser Suchtabelle – findet der SVERWEIS den entsprechenden Rückgabewert? In unserem Fall ist das Rückgabeergebnis in der zweiten Spalte der Suchtabelle.

(4) Das letzte Argument wird mit WAHR oder FALSCH angegeben. WAHR steht für die „ungenaue" Suche, FALSCH steht für die „exakte" Suche. Was es damit auf sich hat, werden wir gleich noch besprechen.

	A	B	C	D	E	F	G
1	Kunde	Umsatz	Rabatt		Umsatz	Rabatt	
2	Meier	9300	#NV		0	0	
3					1000	10	
4					5000	100	
5					10000	500	
6					50000	1000	
7							
8							
9	Formel:	=SVERWEIS(B2 ; E2:F6 ; 2 ; FALSCH)					
10							

Abbildung 8.4: Exakte Suche in der Sverweis-Funktion mit FALSCH.

FALSCH oder WAHR?

Was hat es mit dem FALSCH und dem möglichen WAHR am Ende des SVER-WEIS auf sich? Und was ist eine ungenaue und exakte Übereinstimmung? Probieren Sie bitte doch Nachfolgendes aus – ändern Sie den Umsatz in Zelle B2 einmal auf den Wert 9300 wie in Abbildung 8.4 aufgezeigt.

Sie bekommen eine Fehlermeldung in Form eines grünen Dreiecks und dem Hinweis #NV (nicht verfügbar) angezeigt. Wenn Sie sich mit einem Mausklick die Fehlermeldung anzeigen lassen – klicken Sie in die Zelle und danach auf das gelbe Dreieck – erhalten Sie den Hinweis, dass der SVERWEIS den angegebenen Wert nicht finden konnte. Der Wert 9300 konnte in der Vergleichs- und Suchtabelle nicht gefunden werden!

C2		f_x	=SVERWEIS(B2;E2:F6;2;FALSCH)				
	A	B	C	D	E	F	G
1	**Kunde**	**Umsatz**	**Rabatt**		**Umsatz**	**Rabatt**	
2	Meier	! ▾	#NV		0	0	
3			ⓘ Fehler: Der Wert ist nicht verfügbar		000	10	
4					000	100	
5			Hilfe zu diesem Fehler anzeigen		000	500	

Abbildung 8.5: Der gesuchte Wert ist in der Suchtabelle nicht verfügbar.

Mit der Angabe FALSCH, im letzten Funktions-Argument, haben Sie dem SVERWEIS zu verstehen gegeben, dass Sie nur entsprechende Rückgabewerte haben möchten, wenn die gesuchten Werte auch in der Tabelle vorhanden sind!

Dieses Vorgehen kann von Ihnen beabsichtigt sein, wenn Sie nach exakt vordefinierten Werten suchen und auch nur eine Rückgabe erhalten wollen – wenn die gesuchten Werte auch in der externen Suchtabelle vorkommen. Nehmen wir an, Sie wollen zum Beispiel nach einer exakten Rechnungsnummer suchen lassen und benötigen hier die genaue Übereinstimmung.

Was passiert, wenn die Sverweis-Funktion nun von FALSCH auf WAHR abgeändert wird? Korrigieren Sie bitte die Funktion, indem Sie das letzte Argument (4) auf WAHR abändern.

Syntax:
```
=SVERWEIS(B2;E2:F6;2;WAHR)
```

	A	B	C	D	E	F	G
1	**Kunde**	**Umsatz**	**Rabatt**		**Umsatz**	**Rabatt**	
2	Meier	9300	100		0	0	
3					1000	10	
4					5000	100	
5					10000	500	
6					50000	1000	
7							
8							
9	**Formel:**	=SVERWEIS(B2 ; E2:F6 ; 2 ; WAHR)					
10							

Abbildung 8.6: Sverweis_Funktion mit ungefährer Übereinstimmung.

Als Rabatt Ergebnis in Zelle C2, erhalten Sie nun den Rückgabewert 100 – und keine Fehlermeldung mehr. Aber wieso genau den Wert 100? Der „ungenaue" SVERWEIS mit WAHR geht wie folgt in der Vergleichs- und Suchtabelle. Er nimmt sich den Wert 9300 – geht in die Tabelle und startet bei der 0.

0 – da bin ich darüber.

1000 – da bin ich darüber.

5000 – da bin ich darüber.

10000 – schaffe ich nicht! Also nehme ich den Wert davor.

Der SVERWEIS nimmt mit WAHR nicht also den am nächsten stehenden Wert (bei 9300 wäre die 10000 näher als die 5000) – sondern er steigt wie auf einer Treppe Ihre Vergleichstabelle hoch und nimmt automatisch den nächst kleineren Wert, sollte er den aktuellen abgefragten Wert nicht erreichen.

Der SVERWEIS mit dem Argument WAHR wird daher auch oft als „kauf-
männischer SVERWEIS" bezeichnet – da er Rückgabewerte aufgrund eines
„von-bis" Bereiches zurückgeben kann.

SVERWEIS als Alternative zur Wenn-Funktion.

Oftmals ist der SVERWEIS auch die bessere Wenn-Funktion. Erinnern Sie
sich noch an eines der letzten Beispiele aus dem Wenn-Funktion Kapitel mit
dem Lagerbestand und den entsprechenden Kommentaren, welche ausgegeben
werden sollten?

	A	B	C	D	E	F
1	**Lager**	**Bestand**	**Kommentar**		**Bestand**	**Kommentar**
2	Lager A	173	Niedrig!		0	Zu niedrig!
3					100	Niedrig!
4					200	OK
5					500	Hoch!
6					1000	Zu hoch!
7						
8						
9	**Formel:**	=SVERWEIS(B2 ; E2:F6 ; 2 ; WAHR)				
10						

Abbildung 8.7: Sverweis-Funktion statt Wenn-Funktion als Alternative.

Ändern Sie unsere Beispieltabelle doch einmal nach Abbildung 8.7 ab. Wir
möchten je nach Lagerbestand eine entsprechende Information ausgeben. Stellen Sie sich nun hier eine Wenn-Funktion vor. Es würde eine vierfach verschachtelte Wenn-Funktion werden in entsprechender Länge. Wenn Bestand
kleiner 100, dann.... wenn Bestand kleiner 200, dann... wenn Bestand kleiner
500, dann... – ein SVERWEIS ist hier deutlich einfacher und lesbarer.

Vor allem – selbst wenn Sie 500 Such- und Rückgabewerte haben, der SVER-
WEIS wird nie größer bzw. länger in der Schreibweise. Einzig den Suchbereich müssten Sie anpassen – also zum Beispiel von E2:F6 auf E2;F500 –
mehr jedoch nicht. Beachten Sie dabei immer, möchten Sie ausschließlich
einen Rückgabewert, wenn der Suchwert auch in der entsprechenden Tabelle
existiert (FALSCH) oder möchten Sie „den nächst kleinerer Wert" (WAHR)
zurückerhalten, falls der gesuchte Wert nicht vorhanden ist.

Erstellen wir noch ein weiteres Beispiel, welches wir später noch ausbauen
werden. Wir haben eine Liste mit unseren Kunden, welche wir basierend auf
der Kundennummer abfragen wollen.

K17		fx					
	A	B	C	D	E	F	G
1	KundenNr.	Name			KundenNr.	Name	
2	KD-102	Brenner			KD-100	Meier	
3					KD-101	Fischer	
4					KD-102	Brenner	
5					KD-103	Sauer	
6					KD-104	Schmidt	
7							
8							
9	Formel:	=SVERWEIS(A2;E2:F6;2;FALSCH)					
10							

Abbildung 8.8: Sverweis-Funktion in Excel.

Im oberen Beispiel Abbildung 8.8 sehen Sie eine Tabelle mit einer Auflistung
von Kunden mit der entsprechenden Kundennummer. Im rechten Bereich
können wir in Zelle A2 die Kundennummer verändern. In Zelle B2 steht der
SVERWEIS (1) – welcher anhand der Kundennummer in die Vergleichs- und
Suchtabelle geht und den entsprechenden Kundennamen für uns aus der zwei-

ten Spalte zurückbringt. Wir müssen auf jedenfalls hier das Argument FALSCH verwenden für die exakte Suche und Übereinstimmung!

Hinweis: Wenn Sie testweise im SVERWEIS das FALSCH durch WAHR ersetzen und nach der Kundennummer „KD-105" suchen – werden Sie als Ergebnis den Kundennamen „Schmidt" als Rückgabe bekommen. Der SVERWEIS wird alle Werte durch gehen – und da er „KD-105" nicht „erreicht" – wird er die nächst kleinere Kundennummer als Treffer verbuchen.

Suchen in Spalte 2 und Spalte 3.
Erweitern wir unsere Tabelle um jeweils eine Spalte im linken Teil der Tabelle und in der Vergleichs- und Suchtabelle (Abbildung 8.9). Beachten Sie bitte dazu nachfolgende Abbildung. Bitte passen Sie auch die Funktionen in Zelle B2 und C2 entsprechend an – unsere Such- und Vergleichstabelle hat sich erweitert.

Als Erstes erweitern wir unsere Vergleichs- und Suchtabelle um die Spalte G und den entsprechenden Umsätzen. Zu jeder Kundennummer gehört nun der jeweilige Name bzw. der jeweilige Umsatz.

Im zweiten Schritt passen Sie bitte die Sverweis-Funktion in Zelle B2 (1) an. Wir müssen den Bereich von E2:F6 nun auf E2:G6 erweitern.

Syntax:
```
=SVERWEIS(A2;E2:G6;2;FALSCH)
```

Im dritten und damit letzten Schritt tragen Sie in C2 (2) eine neue Sverweis- Funktion ein. Nicht nur, dass sich der Vergleichs- und Suchbereich erweitert hat – als Suchspalte geben Sie nun die 3 an. Wenn der SVERWEIS die entsprechende Kundennummer gefunden hat, findet er den dazu passenden Umsatz nicht in der Spalte 2 (da steht der Name) – sondern in Spalte 3!

Syntax:
`=SVERWEIS(A2;E2:G6;3;FALSCH)`

	A	B	C	D	E	F	G	H
							fx	
1	KundenNr.	Name	Umsatz		KundenNr.	Name	Umsatz	
2	KD-102	Brenner	12000		KD-100	Meier	40000	
3		Formel (1)	Formel (2)		KD-101	Fischer	31000	
4					KD-102	Brenner	12000	
5					KD-103	Sauer	95000	
6					KD-104	Schmidt	38000	
7								
8								
9	**Formel (1):**	=SVERWEIS(A2;E2:G6;2;FALSCH)						
10	**Formel (2):**	=SVERWEIS(A2;E2:G6;3;FALSCH)						
11								

Abbildung 8.9: Erweiterte Tabelle für Sverweis-Funktion.

Perfekt. Je nach Eingabe der entsprechenden Kundennummer in Zelle A2, erhalten Sie aus der Vergleichs- und Suchtabelle den Kundennamen (in Zelle B2) und den dazugehörigen Umsatz (in Zelle C2). Je nachdem welcher Wert Ihnen zurückgegeben werden soll, verwenden Sie die Angabe der Spalte 2 oder 3 in der Sverweis-Funktion. Ob Ihre externe Tabelle dabei 10, 20, 30 oder noch mehr Spalten hat, spielt keine Rolle. Zählen Sie, um welche Spaltennummer es sich bei Ihrem gewünschten Rückgabewert handelt - und geben Sie diese Nummer in der Funktion entsprechend an.)

Wichtig: Ein SVERWEIS kann keine zwei, drei oder mehr Werte auf einmal zurückgeben! Beispiel: Ein einzelner SVERWEIS kann Ihnen nicht basierend auf der Kundennummer, den Kundennamen und Umsatz gleichzeitig zurückbringen! Der SVERWEIS hat **einen** Such-Wert und kann Ihnen **einen** gefundenen Wert wieder zurückliefern. Sie benötigen fünf Informationen zu einer Projektnummer? Dann benötigen Sie fünf Zellen mit fünf Sverweis-Funktionen, von denen jeder einzelne SVERWEIS eine benötigte Information zurückliefert!

#NV im SVERWEIS abfangen.

Wir wollen unser Beispiel noch weiter anpassen. Wir verwenden in unserer Tabelle den SVERWEIS mit dem Argument FALSCH. Wird eine Kunden-nummer eingegeben, welche nicht existiert, erhält der Anwender eine Excel-Fehlermeldung – und weiß eventuell gar nicht, wo nun genau der Fehler liegt (nicht verfügbare / nicht vorhandene Kundennummer).

	A	B	C	D	E	F	G
1	KundenNr.	Name	Umsatz		KundenNr.	Name	Umsatz
2	KD-300	#NV	#NV		KD-100	Meier	40000
3					KD-101	Fischer	31000
4					KD-102	Brenner	12000
5					KD-103	Sauer	95000
6					KD-104	Schmidt	38000
7							
8							
9	Formel (1):	=SVERWEIS(A2;E2:G6;2;FALSCH)					
10	Formel (2):	=SVERWEIS(A2;E2:G6;3;FALSCH)					
11							

Abbildung 8.10: Fehlermeldung bei nicht verfügbarem Datensatz.

Sie erinnern sich vielleicht an unsere Funktion WENNFEHLER aus dem vor-herigen Kapitel 7.10 – diese Funktion führt eine andere Funktion aus, sofern sie keine Fehlermeldung erzeugt – ansonsten wird eine andere Aktion ausge-führt – zum Beispiel ein Text ausgegeben. In unserem Fall soll der Anwender die Kundennummer eingeben. Ist diese Nummer korrekt und vorhanden, sollen beide Sverweis-Funktionen die entsprechenden Werte zurückbringen. Gibt der Anwender eine nicht existente Nummer ein, soll ein Hinweistext erscheinen und nicht eine entsprechende Excel-Fehlermeldung.

Syntax:
```
=WENNFEHLER( PRÜFENDE UND AUSFÜHRENDE FUNKTION ;
ALTERNATIVE AKTION BEI FEHLER )
```

M13		fx				
	A	B	C	D	E	F	G
1	KundenNr.	Name	Umsatz		KundenNr.	Name	Umsatz
2	KD-300	Kein Kunde!	Kein Kunde!		KD-100	Meier	40000
3					KD-101	Fischer	31000
4					KD-102	Brenner	12000
5					KD-103	Sauer	95000
6					KD-104	Schmidt	38000
7							
8							
9	Formel (1):	=WENNFEHLER(SVERWEIS(A2;E2:G6;2;FALSCH);"Kein Kunde!")					
10	Formel (2):	=WENNFEHLER(SVERWEIS(A2;E2:G6;3;FALSCH);"Kein Kunde!")					
11							

Abbildung 8.11: Wennfehler- und Sverweis-Funktion kombiniert.

Syntax:
```
=WENNFEHLER(SVERWEIS(A2;E2:G6;2;FALSCH);"Kein
Kunde!")
```

Im oberen Beispiel Abbildung 8.11 haben wir unsere Sverweis-Funktion innerhalb einer Wennfehler-Funktion verschachtelt. WENNFEHLER prüft unseren SVERWEIS – erzeugt dieser keinen Fehler, wird er auch umgehend ausgeführt. Kommt es zu einem Fehler (#NV nicht verfügbare / nicht vorhandene Kundennummer) so wird in unserem Fall der entsprechende Text „Kein Kunde!" in Zelle B2 bzw. Zelle C2 als Rückgabewert ausgegeben. Der

Anwender erhält somit entweder die passend richtigen Werte aus der Liste oder eine entsprechend informative Rückmeldung.

Hinweis: Wieso heißt der SVERWEIS eigentlich SVERWEIS und wieso gibt es noch einen WVERWEIS? Das S steht für: Senkrechter Verweis und bezieht sich auf die Vergleichs- und Suchtabelle, welche senkrecht von oben nach unten gelistet ist.

8.2 Wverweis – Funktion

Und damit kommen wir auch direkt zum WVERWEIS, welcher sich grundlegend nur durch seine waagerechte Vergleichs- und Suchtabelle vom SVERWEIS unterscheidet. Der WVERWEIS ist seltener anzutreffen, da in Excel meistens die Tabellen senkrecht angeordnet sind und von oben nach unten verlaufen.

Syntax:
```
=WVERWEIS( SUCHE NACH? ; SUCHE WO? ; ERGEBNISSZEILE?
; EXAKTE ODER UNGEFÄHRE SUCHE?)
```

Im unteren Beispiel (Abbildung 8.12) sehen Sie die Vergleichs- und Suchtabelle mit waagerecht angeordneten Werten. Der Rest ist mit dem SVERWEIS identisch. Unser WVERWEIS sucht nach der Kundennummer aus Zelle A2 im waagerechten Bereich A5 bis F7 und sucht bei einem Treffer aus der Spalte 3 den entsprechenden Ort heraus. Dabei wird mit dem FALSCH auf exakter Übereinstimmung der Kundennummer geachtet.

Syntax:
```
=WVERWEIS(A2;A5:F7;3;FALSCH)
```

120

	A	B	C	D	E	F
1	**KundenNr.**	**Ort**	**Formel**			
2	KD-101	Berlin	=WVERWEIS(A2;A5:F7;3;FALSCH)			
3						
4						
5	**KundenNr.**	KD-100	KD-101	KD-102	KD-103	KD-104
6	**Name**	Meier	Schmidt	Brenner	Fischer	Keller
7	**Ort**	Hamburg	Berlin	Stuttgart	Frankfurt	Köln
8						

Abbildung 8.12: Wverweis-Funktion in Excel.

Sie sehen, dass die Such- und Vergleichstabelle nun nicht senkrecht nach unten geht, sondern waagerecht von links nach rechts verläuft.

8.3 Verweis – Funktion

Bleibt die Verweis-Funktion ohne S, ohne W. Nicht immer steht Ihnen eine zusammenhängende Vergleichs- und Suchtabelle zur Verfügung. Vielleicht befinden sich zwischen Suchspalte und Trefferspalte weitere verwendete Spalten. Vielleicht sind beide Spalten nicht mal 1:1 auf gleicher Höhe.

Syntax:
=VERWEIS(GESUCHTER WERT ; SUCHEN WO? ; RÜCKGABE-
WERTE WO?)

Schauen wir uns das Beispiel in Abbildung 8.13 genauer an. Gesucht wird in der Zelle E2 eine Nummer in dem ersten Bereich A2 bis A6. Wird der Wert gefunden, wird der entsprechende Rückgabewert aus C3 bis C7 zurückgegeben. Wie kommt unser VERWEIS nun aber auf die Zuordnung der Zahl 20 auf den Ort Berlin? Der Wert 20 im Bereich A2:A6 ist der **zweite** Wert aus diesem

Bereich. Im angegebenen Zellbereich C3:C7 ist wiederum der **zweite** Wert die Ortschaft Berlin. Wäre in Zelle E2 unser gesuchter Wert 50, entspräche das im Bereich A2:A6 der **fünfte** Wert, im Zellbereich C3:C7 wäre der **fünfte** Wert dann Hamburg – welcher auch zurückgegeben wird.

Syntax:
=VERWEIS(E2;A2:A6;C3:C7)

L16	▲▼	✕ ✓	fx			
	A	B	C	D	E	F
1	**Nummer**				Suche nach:	
2	10		**Ort:**		20	
3	20		Dresden		Ergebnis:	
4	30		Berlin		Berlin	
5	40		Stuttgart			
6	50		München		**Formel in E4:**	
7			Hamburg		=VERWEIS(E2;A2:A6;C3:C7)	
8						

Abbildung 8.13: Verweis-Funktion in Excel.

H i n w e i s: Sie können die Verweis-Funktion sowohl auf senkrecht, als auch auf waagerecht aufgebaute Vergleichs- und Suchtabellen verwenden. Der VERWEIS verfügt über keine Spalten- Zeilennummer für den Rückgabewert! Findet der VERWEIS ein Suchkriterium in der zweiten Zeile – liefert er den Wert aus der zweiten Zeile des zweiten Bereiches zurück. Der Wert 20 ist der zweite Wert von A2:A6 – also bekommen Sie den zweiten Wert aus C3:C7 zurück – und das ist eben „Berlin".

8.4 Vergleich – Funktion

Eine - vielleicht nicht auf den ersten Blick – hilfreiche Funktion, ist der VER-GLEICH in Excel. Schauen uns wir die Funktion doch erst einmal näher an.

Die Vergleich-Funktion sucht nach einem von Ihnen angegebenen Wert in einem Zellbereich und gibt Ihnen zurück, in welcher Spalten- bzw. Zeilennummer dieser Wert befindet. Die Vergleich-Funktion kann sowohl auf einen senkrechten, als auch einen waagerechten Bereich angewandt werden. Ebenso exakt oder „kaufmännisch" gesucht werden.

Syntax:
```
=VERGLEICH( GESUCHTER WERT ; SUCHBEREICH ; ART DER SUCHE )
```

J16			fx	
	A	B	C	D
1	**Wert**		**Gesucht:**	
2	10		30	
3	20		**Ergebnis:**	
4	30		3	=VERGLEICH(C2;A2:A6;0)
5	40			
6	50			
7				

Abbildung 8.14: Vergleich-Funktion in Excel.

Die Funktion VERGLEICH nimmt sich den Wert aus Zelle C2 (Suchkriterium) und sucht diesen Wert im Bereich A2 bis A6. Dieser Wert 30 wird in der dritten Zeile unserer Suchtabelle gefunden. Durch die Angabe des dritten Argumentes – der 0 – sagen wir der Funktion, dass sie nach dem exakten Wert aus C2 (die 30) suchen soll!

Verändern Sie testweise den Wert in C2 doch einmal auf 35. Sie bekommen eine Fehlermeldung, dass die 35 nicht gefunden werden konnte. Statt der 0 am

Ende, können Sie auch als Parameter eine 1 oder -1 angeben. Wenn Sie eine 1 als Argument verwenden, sucht VERGLEICH nach dem nächst höherem Wert, wenn Sie eine -1 angeben, wird der nächst kleinere Wert gesucht – und die entsprechende Zeilennummer ausgegeben.

Syntax:
```
=VERGLEICH(C2;A2:A6;0)
```

Und was bringt mir bitte so eine Funktion?
Der Sinn von Funktionen wie SUMME oder MITTELWERT erschließt sich dem Anwender meist sofort. Mit diesen Funktionen kann man sofort „etwas anfangen". Bei sehr vielen Funktionen jedoch erschließt sich die Nützlichkeit bzw. deren Einsatzgebiet erst auf den zweiten Blick. Und meist auch erst dann, wenn diese mit Anderen kombiniert werden.

	A	B	C	D	E	F	G
1	**KD-Nr.**	**Ergebnis:**			**KD-Nr.**	**Name**	**Ort**
2	KD-102	Brenner			KD-100	Meier	Hamburg
3					KD-101	Fischer	Stuttgart
4					KD-102	Brenner	Berlin
5					KD-103	Schmid	Frankfurt
6					KD-104	Kohler	Bremen
7							
8							
9	**Formel in B2:** =SVERWEIS(A2;E2:G6;2;FALSCH)						
10							

Abbildung 8.15: Sverweis-Funktion in Excel.

Schauen wir uns obere Abbildung 8.15 etwas genauer an. Wir haben ähnlich wie aus Kapitel 8.1 eine Tabelle mit Kundennummern, Kundennamen und Ortschaften. Im linken Bereich unser Suchkriterium „KD-Nr." und in Zelle B2 einen SVERWEIS, welcher aufgrund dieses Suchkriteriums in Zelle A2 den entsprechenden Kundennamen gefunden hat.

Syntax:
```
=SVERWEIS(A2;E1:G6;2;FALSCH)
```

Der SVERWEIS sucht den Wert aus A2 in unserer Vergleichs- und Suchtabelle E1:G6 – hat er dieses Suchkriterium gefunden – holt er sich den entsprechenden Wert aus der Spalte 2. Und hier liegt das „Problem". Die Spaltenzahl wurde von uns händisch in die Funktion eingetragen.

Möchten wir nun statt des Namens lieber den Ort anhand der Kundennummer zurückhaben – müsste man die Funktion entsprechend anpassen.

Syntax:
```
=SVERWEIS(A2;E1:G6;3;FALSCH)
```

Nun würde unser SVERWEIS in Spalte 3 den entsprechenden Wert zurückliefern. Dies ist umständlich. Einfacher wäre es, wenn wir in einer separaten Zelle angeben könnten, ob wir den Namen oder die Ortschaft anhand der Kundennummer zurückbekommen wollen. Wieso schreiben wir den Spaltenwert 2 oder 3 fest in die Funktion? Wieso lassen wir nicht den VERGLEICH nach den Begriffen „Name" oder „Ort" suchen? Diese Funktion wird uns dann zurückgeben, ob die Überschriften sich in Spalte 2 oder 3 befinden und diesen Wert in SVERWEIS verwenden.

Erweitern Sie die Beispieltabelle (Abbildung 8.16) um den Suchbegriff „Suchen nach" und tragen daneben schon mal als Standard den Wert „Ort" ein.

Nun müssen wir nur noch die Sverweis-Funktion in Zelle B2 entsprechend anpassen. Statt den Spaltenwert fest ein zu tragen, arbeitet hier der VERGLEICH für uns.

Syntax
```
=SVERWEIS( A2 ; E1:G6 ; VERGLEICH(.....) ; FALSCH )
```

L19		fx			VERGLEICH			
	A	B	C	D	(1) E	(2) F	(3) G	H
1	KD-Nr.	Ergebnis:			KD-Nr.	Name	Ort	
2	KD-102	Berlin			KD-100	Meier	Hamburg	
3					KD-101	Fischer	Stuttgart	
4					KD-102	Brenner	Berlin	
5					KD-103	Schmid	Frankfurt	
6	Suchen nach:	Ort			KD-104	Kohler	Bremen	
7								
8								
9	Formel in B2: =SVERWEIS(A2 ; E2:G6 ; VERGLEICH(B6;E1:G1;0) ; FALSCH)							
10								

Abbildung 8.16: Sverweis- und Vergleich-Funktion in Kombination.

Wir arbeiten uns wieder von Innen nach Außen in verschachtelten Funktionen! Betrachten Sie daher zuerst die innere Vergleich-Funktion.

Syntax:
```
=VERGLEICH(B6;E1:G1;0)
```

In Zelle B6 kann der Anwender die Werte „Name" oder „Ort" eingetragen werden. Die Vergleich-Funktion sucht mit diesem Wert aus B6 dann im Bereich E1 bis G1 nach einer exakten Übereinstimmung (0). In unserem Beispiel sucht der VERGLEICH nach dem Wert „Ort" und findet diesen Wert in E1 bis G1 in der dritten Spalte. Das Ergebnis, welches durch VERGLEICH

„errechnet" wird, ist 3! Wenn in B6 der Wert „Name" eingetragen wird – liefert VERGLEICH uns eine 2!

Aus der Funktion:
```
=SVERWEIS( A2 ; E1:G6 ; VERGLEICH(B6;E1:G1;0) ;
FALSCH )
```

Wird, wenn in Zelle B6 der Wert „Ort" eingetragen ist:
```
=SVERWEIS( A2 ; E1:G6 ; 3 ; FALSCH )
```

Wird, wenn in Zelle B6 der Wert „Name" eingetragen ist:
```
=SVERWEIS( A2 ; E1:G6 ; 2 ; FALSCH )
```

8.5 Indirekt – Funktion

Die nächste Funktion, welche auf den ersten Blick völlig nutzlos erscheint, ist die Indirekt-Funktion in Excel. Um die Funktion besser zu verstehen, müssen wir erst das eine oder andere Beispiel zusammen erarbeiten. Die Indirekt-Funktion ist etwas abstrakt – nehmen Sie sich daher Zeit, die Logik zu durchschauen. Wir arbeiten und bei der Funktion INDIREKT Schritt für Schritt vor.

Syntax:
```
=INDIREKT(ZELLBEZUG)
```

Die Funktion INDIREKT bezieht sich auf eine bestimmte Zelle und ersetzt sich selbst durch den Wert, welcher in dieser Zelle steht. Nehmen wir an, in der Zelle A1 steht inhaltlich als Text der Wert „B1". In die Zelle A2 würden Sie nun die Funktion eintragen.

```
A1: B1
```

```
A2: =INDIREKT(A1)
```

Dann würde nun, nach Ausführen der Funktion, in A2 nicht =INDIREKT(A1) stehen, sondern durch =B1 ersetzt werden. Um dies besser zu verstehen, lassen Sie uns ein Praxisbeispiel machen.

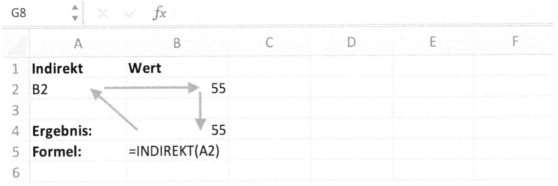

Abbildung 8.17: Indirekt-Funktion in Excel.

Schauen Sie sich bitte Abbildung 8.17 an. In Zelle B4 ist unsere Indirekt-Funktion eingetragen: =INDIREKT(A2). Als Ergebnis steht in Zelle B4 der Wert 55. Wieso aber 55?

In Zelle B4 steht folgende Funktion:
```
B4: =INDIREKT(A2)
```

Daraus wird folgender Wert gebildet:
```
B4: =B2
```

Und =B2 ergibt eben als Ergebnis den Wert 55. Die Funktion INDIREKT nimmt also nicht sich „direkt" A2 als Zellwert, sondern „indirekt" den Zell-wert aus A2 – als eigentlichen endgültigen Wert. Die Funktion =INDI-

REKT(A2) wird „indirekt" durch =B2 ersetzt. Von mir aus sehen Sie es wie ein „Suchen und Ersetzen". Suche A2 und ersetze mich durch =B2.

M15			f_x			
	A	B		C	D	E
1	**Indirekt**	**Wert**				
2		2	55			
3						
4	**Ergebnis:**		55			
5	**Formel:**	=INDIREKT("B"&A2)				
6						

Abbildung 8.18: Indirekt-Funktion in Excel.

Schauen Sie sich bitte unser nächstes Beispiel in der oberen Abbildung 8.18 an. Die Funktion INDIREKT kombiniert den festen Text bzw. Buchstabe „B" mit dem Wert in A2 (der Zahl 2). Aus einem Text „B" und einer Zahl 2 wird so der komplette Wert „B2" verkettet.

Syntax:
=INDIREKT(„B"&A2)

Aus: =INDIREKT(„B"&A2), wird ein: =INDIREKT(B2), wird ein: =B2 und damit am Ende das Ergebnis 55.

Und was soll ich damit anfangen?
Schön und gut, aber was soll dies bringen und was könnten Sie damit in der Praxis anfangen? Sie erinnern sich – eine Funktion alleine erscheint oft sinn- und nutzlos. Erst in der Kombination mit anderen Funktionen ergibt sich eine praxistaugliche Lösung. Wir müssen für unser nächstes Beispiel etwas aus-

holen. Erstellen Sie bitte ein neues Tabellenblatt für ein entsprechendes Beispiel (Abbildung 8.19) für die Indirekt-Funktion. Sie sehen zwei Spalten mit Berlin und Stuttgart und die entsprechenden Umsätze darunter. Rechts davon eine Ortsangabe und die Summe – welche wir gleich berechnen wollen.

	A	B	C	D	E	F
1	**Berlin**	**Stuttgart**		Ort:	Berlin	
2	400	900		Summe:		
3	200	300				
4	300	200				
5	100	300				
6						

Abbildung 8.19: Beispiel für Indirekt-Funktion.

Wir könnten jetzt eine Wenn-Funktion verwenden. Wenn in Zelle E1 der Wert Berlin steht, dann summiere A2 bis A5, wenn in der Zelle E1 der Wert Stuttgart steht, dann summiere B2 bis B5.

Syntax:
```
=WENN(E1="Berlin";SUMME(A2:A5);WENN(E1="Stutt-
gart";SUMME(B2:B5;"Ort nicht vorhanden"))
```

Und das ist nur die Wenn-Funktion zweifach verschachtelt für zwei Ortschaften. Wenn Sie eine Tabelle mit 10 möglichen Ortschaften hätten, wäre es eine zehnfach verschachtelte Wenn-Funktion.

Wir können dies auch mit der Funktion INDIREKT lösen – egal ob 2 Ortschaften oder 20 Ortschaften – die Funktion bliebe immer übersichtlich gleich lang und einfach zu lesen. Wir benötigen dazu die Funktion INDIREKT,

SUMME und Namensbereiche in Excel. Und dazu müssen wir erst einmal unsere Tabelle vorbereiten.

Namensbereiche vorbereiten.

Als erstes geben wir unseren Bereichen A2 bis A5 und B2 bis A5 sogenannte Alias-Namen, oder auch gerne „Spitznamen".

Berlin			fx 400			
	A	B	C	D	E	F
1	**Berlin**	**Stuttgart**		**Ort:**	Berlin	
2	400	900		Summe:		
3	200	300				
4	300	200				
5	100	300				
6						

Abbildung 8.20: Namensbereiche in Excel festlegen.

1. Markieren Sie die Zellen A2 bis A5.

2. Klicken Sie links oben neben der Formelbearbeitungsleiste in das Namensfeld (hier steht normalerweise A2).

3. Der Text A2 wird nun blau hinterlegt.

4. Tippen Sie nun direkt den „Spitznamen" für diesen Bereich ein. In unserem Fall schreiben Sie den Text „Berlin".

5. Betätigen Sie den neuen „Spitznamen" für diesen Bereich mit der ENTER/ RETURN Taste.

Geschafft. Der Zellbereich A2 bis A5 kann noch immer mit A2:A5 angesprochen werden – zusätzlich aber auch die Bezeichnung „Berlin".

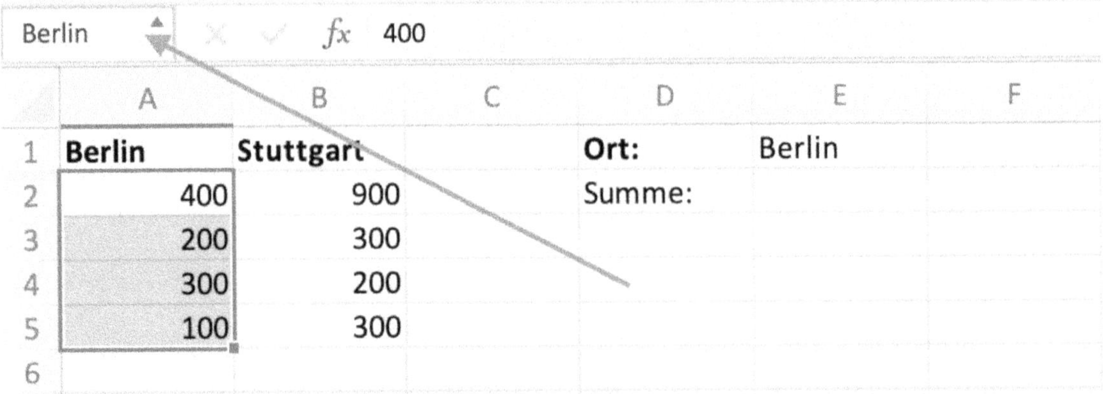

Abbildung 8.21: Vergebener Alias-Name in Excel.

Überprüfen Sie dies einmal bitte. Markieren Sie erneut den Zellbereich A2 bis A5 mit der Maus. Sie müssten nun wie in Abbildung 8.21 zu sehen den Namen „Berlin" für diesen Bereich eingetragen haben.

Wiederholen Sie diesen Schritt nun auch für den Bereich B2 bis B5 und benennen diesen mit dem Alias „Stuttgart".

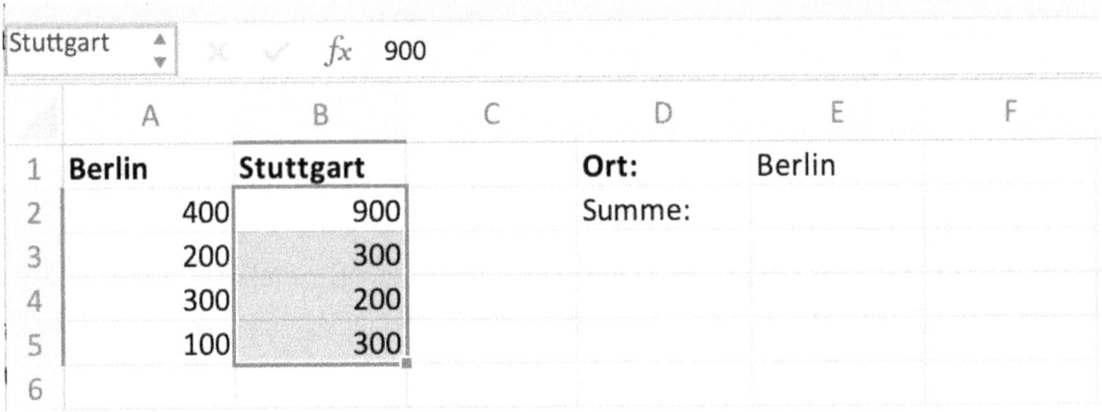

Abbildung 8.22: Bereich B2 bis B5 den Alias Stuttgart vergeben.

Hinweis: Sie haben nun für zwei Zellbereiche einen jeweiligen Spitznamen vergeben. Gibt es eine Übersicht der vergebenen Aliase? Kann man die Namensbereiche löschen? Erweitern? Korrigieren? Gehen Sie im Menüband auf das Register „Formeln" und wählen dort den Button „Namen definieren" – ein neues Menü erscheint. Hier können Sie den Namensbereich löschen (- Button), Namen umbenennen oder auch die Bereiche verkleinern oder vergrößern.

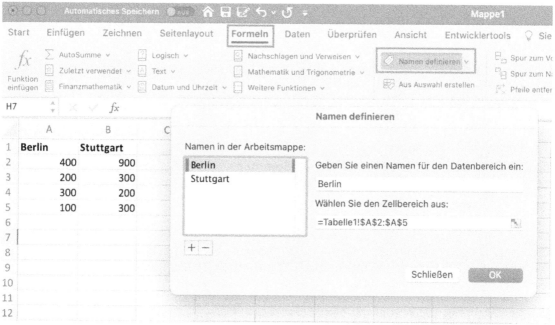

Abbildung 8.23: Menü „Namen definieren" in Excel.

Und nun geht es los.

Wir haben nun zwei Namensbereiche Berlin und Stuttgart. Hinter dem Namen Berlin steht in Wirklichkeit der Bereich A2 bis A5. Hinter dem Namen Stuttgart steht der Bereich B2 bis B5.

Tragen Sie nun in der Zelle E2 die Summenfunktion mit dem Bezug auf die Zelle E1 ein. Allerdings verwenden wir keinen direkten Bezug zur Zelle E1, denn hier steht für Excel schlichtweg nur der Text „Berlin".

Syntax:
=SUMME(E1)

Mit dieser Funktion würde Excel die Summe aus dem Wort Berlin bilden. Das Ergebnis wäre 0, denn nochmals, es ist für Excel nur ein Wort wie Baum oder Blume.

J9		fx				
	A	B	C	D	E	F
1	**Berlin**	**Stuttgart**		**Ort:**	Berlin	
2	400	900		**Summe:**	0	=SUMME(E1)
3	200	300				
4	300	200				
5	100	300				
6						

Abbildung 8.24: Summen-Funktion direkt auf einen Text angewendet.

Excel ist völlig egal, was in Zelle E1 steht. Er summiert **direkt** den **Zellwert** E1 – und da Excel Texte nicht summieren kann – ist das Ergebnis eben der Wert 0. Und nun das Ganze einmal in Verbindung der Funktion INDIREKT. Wir sagen der Summen-Funktion damit nimm nicht den **direkten Wert** Berlin, sondern **indirekt** – also was steht denn hinter dem **Begriff** Berlin?

Syntax:
=SUMME(INDIREKT(E1))

	A	B	C	D	E	F
1	**Berlin**	**Stuttgart**		**Ort:**	Berlin	
2	400	900		**Summe:**	1000	=SUMME(INDIREKT(E1))
3	200	300				
4	300	200				
5	100	300				
6						

Abbildung 8.25: Summen- und Indirekt-Funktion in Kombination.

Und nun vergleichen Sie diese kleine Funktion mit der Wenn-Funktion, welche wir am Anfang dieses Beispieles erwähnt haben. Vor allem stellen Sie sich vor, Sie haben noch 10 weitere Ortschaften. Sie müssen lediglich diesen Bereichen einen Namens-Alias vergeben und können dann über: =SUMME(INDIREKT(E1)) auf die jeweiligen Namen über Zelle E1 zugreifen. Viel kürzer und einfacher als eine Wenn-Funktion.

Kapitel 9 - Datum und Zeit Funktionen in Excel

9.1 Jetzt – Funktion

Beginnen wir bei den Datum und Zeit Funktionen in Excel – bei der Funktion JETZT – welche recht einfach und schnell erklärt ist.

Syntax:
=JETZT()

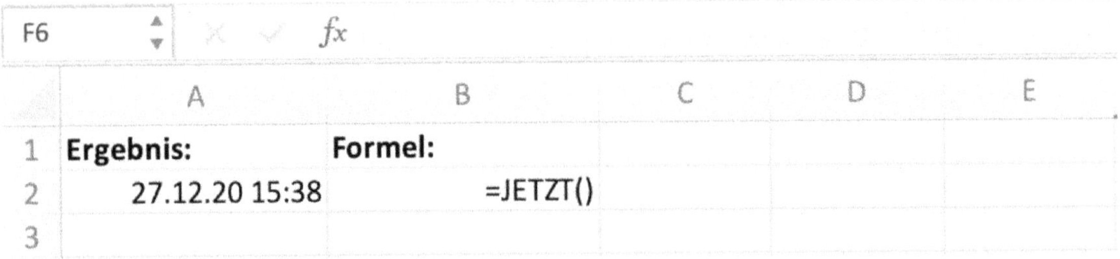

F6		fx			
	A	B	C	D	E
1	**Ergebnis:**	**Formel:**			
2	27.12.20 15:38	=JETZT()			
3					

Abbildung 9.1: Jetzt-Funktion in Excel.

Die Funktion JETZT liefert Ihnen als Ergebnis das aktuelle Datum inklusive der aktuellen Uhrzeit – zu dem Zeitpunkt, bei dem die Funktion das Ergebnis berechnet hat. Der Wert wird nicht andauernd aktualisiert – sondern aktualisiert sich nur bei Neuberechnung. Dies kann zum Beispiel auch beim Öffnen der Excel Datei erfolgen.

9.2 Heute – Funktion

Die Funktion HEUTE ist ähnlich der vorherigen Funktion JETZT – sie liefert Ihnen jedoch ausschließlich das aktuelle Datum zurück, ohne die entsprechende Uhrzeit.

Syntax:
=HEUTE()

G6		✕ ✓	_fx_			
	A		B	C	D	E
1	**Ergebnis:**		**Formel:**			
2	27.12.20		=HEUTE()			
3						

Abbildung 9.2: Heute-Funktion in Excel.

Hinweis: Auch die Funktion HEUTE berechnet Ihren Wert bei Aktualisierung neu. Verwenden Sie die Funktion, um das aktuelle Datum in einer Arbeitsmappe anzeigen zu lassen, bedenken Sie, dass bei jedem öffnen der Mappe, auch das tagesaktuelle Datum in der Zelle angezeigt wird. Beispiel – tragen sie mit HEUTE in einer Zelle das aktuelle Bearbeitungsdatum als Information ein – wird sich das Datum immer automatisch ändern nach jedem Öffnen der Datei – es bleibt nicht das alte „Bearbeitungsdatum" gespeichert.

9.3 Jahr – Monat – Tag – Funktion

Mit den Excel Funktionen JAHR, MONAT und TAG können Sie aus einem Datumswert den entsprechenden Detailwert heraus lesen. Wie schon die Funktionsnamen beschreiben, bekommen Sie aus einem Datumswert mit JAHR die Jahreszahl, mit MONAT die entsprechende Monatsnummer und mit TAG die entsprechende Tageszahl als Ergebnis – aus einem entsprechenden Datums-wert oder einer entsprechenden Zelle.

Syntax:

```
=JAHR(DATUMSWERT ODER ZELLBEZUG)
=MONAT(DATUMSWERT ODER ZELLBEZUG)
=TAG(DATUMSWERT ODER ZELLBEZUG)
```

	A	B	C	D	E
1	**Datum:**	**Ergebnis:**	**Formel:**		
2	27.12.20	2020	=JAHR(A2)		
3		12	=MONAT(A2)		
4		27	=TAG(A2)		
5					

Abbildung 9.3: Jahr- Monat- und Tag-Funktion in Excel.

9.4 Stunde – Minute – Sekunde – Funktion

Ähnlich den vorherigen drei Datum-Funktionen, bekommen Sie mit diesen Dreien aus einem Zeitwert oder Zellbezug, den jeweilige Stunden, Minuten und Sekunden Wert herausgerechnet. Dazu benötigen wir natürlich in dem entsprechenden Beispiel eine Uhrzeit für die Berechnung. In Zelle A2 haben wir daher nochmals die Funktion: =JETZT() verwendet.

Syntax:

```
=STUNDE(ZEITWERT ODER ZELLBEZUG)
=MINUTE(ZEITWERT ODER ZELLBEZUG)
=SEKUNDE(ZEITWERT ODER ZELLBEZUG)
```

	A	B	C	D	E
1	Datum:	Ergebnis:	Formel:		
2	27.12.20 15:50	15	=STUNDE(A2)		
3		50	=MINUTE(A2)		
4		41	=SEKUNDE(A2)		
5					

Abbildung 9.4: Stunde- Minute und Sekunde-Funktion in Excel.

9.5 Wochentag – Funktion

Die Funktion WOCHENTAG liefert aus einem Datums- oder numerischen Wert die entsprechende Wochentagsnummer zurück. Dabei sollten Sie angeben, welcher Tag bei Ihnen als erster Tag zählt.

Syntax:
=WOCHENTAG(DATUMS/NUMERISCHER WERT;START)

	A	B	C	D	E
1	Datum:	Ergebnis:	Formel:		
2	21.12.20	1	=WOCHENTAG(A2;2)		
3	14.11.20	6	=WOCHENTAG(A3;2)		
4	5	4	=WOCHENTAG(A4;2)		
5	Donnerstag	#WERT!	=WOCHENTAG(A5;2)		
6					

Abbildung 9.5: Wochentag-Funktion in Excel.

In unserem Fall startet der Montag als Tag Nummer 1 – wir haben als Parameter die 2 angegeben. Zelle B1 mit dem Ergebnis 1 ist also der Montag, Zelle B3 mit dem Ergebnis 6 ist also der sechste Tag, was dem Samstag entspricht.

Zelle B4 hat als Ergebnis 4 den Donnerstag, weil die 5 aus Zelle A4 der US-Zählung entspricht (Sonntag = Tag 1). Ein Text in einer Zelle liefert eine Fehlermeldung. Welcher Parameter welchem Start entspricht, zeigt Ihnen aber auch der Assistent an.

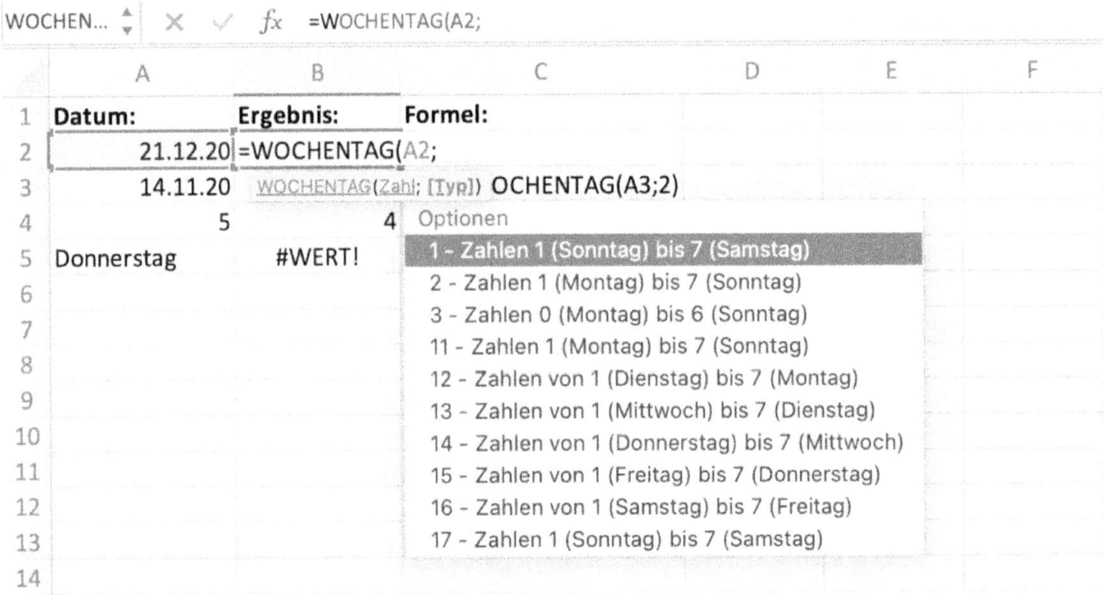

Abbildung 9.6: Wochentag-Funktion in Excel.

Wenn Sie jetzt erhofft haben, dass die Funktion WOCHENTAG Ihnen direkt den Namen des Tages liefert – muss ich Sie enttäuschen. Sie könnten nun natürlich eine Vergleichstabelle erstellen (1 = Montag, 2= Dienstag, 3 = Mittwoch usw.) und mit einem SVERWEIS je nach Nummer den Tagesnamen berechnen.

Anzeige von Tages- und Monatsnamen mit der Text-Funktion.
Es gibt aber einen Trick dennoch direkt von einem Datumswert an einen Tagesnamen zu kommen. Und dies auch noch ausgerechnet mit einer Text-Funktion. Ändern wir unsere vorherige Beispieltabelle nochmals etwas ab. Bitte vergessen Sie auch nicht, bei unseren ganzen Datum / Zeit Beispielen

immer wieder die Zellformatierung komplett zurückzustellen oder komplett zu löschen, damit alte Formatierungen nicht Ihre Ergebnisse falsch darstellen!

Syntax:
`=TEXT(ZELLE;FORMAT)`

	A	B	C	D	E
1	**Datum:**	**Ergebnis:**	**Formel:**		
2	21.12.20	Montag	=TEXT(A2;"TTTT")		
3	14.11.20	Samstag	=TEXT(A3;"TTTT")		
4	5	Donnerstag	=TEXT(A4;"TTTT")		
5					

Abbildung 9.7: Anzeige Wochentagsnamen in Excel.

I15		×	✓	fx		

	A	B	C	D	E
1	**Datum:**	**Ergebnis:**	**Formel:**		
2	21.12.20	Dezember	=TEXT(A2;"MMMM")		
3	14.11.20	November	=TEXT(A3;"MMMM")		
4	9	Januar	=TEXT(A4;"MMMM")		
5					

Abbildung 9.8: Anzeige Monatsnamen in Excel.

Achtung – dies klappt bei Monatsnamen jedoch nur auf Datumswerte, nicht auf numerische Werte wie in Zelle A4 aus der Abbildung 9.8 zu sehen.

9.6 Kalenderwoche – Funktion

Mit der Funktion KALENDERWOCHE können Sie, basierend auf einem Datumswert, sich die jeweilige Kalenderwoche (KW) anzeigen lassen. Es wird hier zwischen der Europäischen und US-Zählung unterschieden.

Syntax:
=KALENDERWOCHE(DATUMSWERT ODER ZELLBEZUG ; WOCHENBE-
GIN)

	A	B	C	D
			fx	
	A	B	C	D
1	Datum:	Ergebnis:	Formel:	
2	03.01.20	1	=KALENDERWOCHE(A2;2)	
3	14.09.20	38	=KALENDERWOCHE(A3;2)	
4				

Abbildung 9.9: Kalenderwoche-Funktion in Excel.

Das erste Argument ist ein Datumswert oder die Zelle, welche einen Datumswert beinhaltet. Danach verwenden Sie das Argument 1, wenn Sie für von
einem Wochenbeginn am Sonntag ausgehen – oder eine 2, wenn Sie von
einem Montag ausgehen.

Hinweis: Innerhalb Europa gilt der Montag als Beginn der Kalenderwoche. Aufgebaut wäre unsere Funktion daher mit dem Parameter 2 am Ende:
=KALENDERWOCHE(DATUM;2).

9.7 Arbeitstag – Funktion

Hier handelt es sich um eine sehr interessante Funktion. Nehmen wir an, Sie
möchten für eine Projektplanung basierend auf einem Startdatum 20 Tage
hinzuaddieren und sich somit das Enddatum anzeigen lassen.

In unserem nachfolgendem Beispiel (Abbildung 9.10) starten wir am
02.01.2020 und möchten gerne 20 Arbeitstage dazu addieren. Dazu reicht eine

142

einfache Formel: =A2+B2. Als Ergebnis erhalten wir in Zelle C3 das End-datum – den 22.01.2020. Excel hat also das Datum und 20 Tage aufaddiert.

	A	B	C	D	E
1	**Startdatum:**	**Dauer Tage:**	**Enddatum:**	**Formel:**	
2	02.01.20	20	22.01.20	=A2+B2	
3					

Abbildung 9.10: Einem Datum Tage hinzuaddieren.

Aber es wurden direkt 20 Tage – nicht 20 Arbeitstage dazu addiert. Sprich Excel ging von einer 7 Tage Woche inklusive Samstag und Sonntag aus. Hier kommt die Funktion ARBEITSTAG zum Zuge. Sie addiert das Startdatum und die Anzahl der Tage – basierend aber auf einer fünftägigen Arbeitswoche.

	A	B	C	D	E
1	**Startdatum:**	**Dauer Tage:**	**Enddatum:**	**Formel:**	
2	02.01.20	20	22.01.20	=A2+B2	
3	02.01.20	20	30.01.20	=ARBEITSTAG(A3;B3)	
4					

Abbildung 9.11: Arbeitstag-Funktion in Excel.

Syntax:
```
=ARBEITSTAG(DATUMSWERT ODER ZELLBEZUG ; ANZAHL TAGE
ODER ZELLBEZUG)
```

Hinweis: Sollte in Zelle C3 statt einem Datumswert das Datum als numerische Zahl angezeigt werden – so handelt es sich hier um einen kleinen Fehler des Excel-Assistenten. Dieser trägt bei Abschluss der Funktion das Datum als Zahlenwert ein. Markieren Sie nach Eingabe der Arbeitstag-Funktion erneut die Zelle C3 und stellen Sie die Zellformatierung auf Datum um. Danach wird Ihnen auch das richtige Datum wie in unserer Abbildung 9.11 angezeigt.

Die Funktion: =ARBEITSTAG(A3;B3) nimmt also das Datum in Zelle A3 und addiert es mit den Tagen in B3 – unter Berücksichtigung einer fünftägigen Arbeitswoche. Wir erhalten nun den 30.01.2020 als berechnetes Enddatum von Excel zurück.

Angabe von Urlaubs- und Feiertagen.
Die Funktion ARBEITSTAG kann aber noch mehr. Zwischen dem 02.01.2020 und dem eben berechnetem 30.01.2020 befinden sich nicht nur Samstage und Sonntage – sondern vielleicht auch Feiertage, Urlaube oder gar Betriebsfeiertage. Dies kann Excel jedoch nicht wissen. Excel müsste eine interne Liste aller nationaler und religiöser Feiertage für alle Länder haben – von den regionalen Unterschieden innerhalb eines Landes ganz abgesehen.

Zudem würden dann immer noch interne Urlaube oder interne freie Betriebstage fehlen. Aber generell können wir Excel anhand einer eigenen Liste diese freien Tage mitteilen und so in die Funktion ARBEITSTAG mit einfliessen lassen. Dazu erweitern wir unsere Tabelle.

Syntax:
```
=ARBEITSTAG(DATUMSWERT ODER ZELLBEZUG ; ANZAHL TAGE
ODER ZELLBEZUG ; ZELLBEREICH FREIE TAGE)
```

Schauen wir uns das nachfolgende Beispiel in Abbildung 9.12 an. Unsere Funktion: =ARBEITSTAG(A4;B4;B6:B8) greift auf das Datum in A4 zurück, addiert die Tage aus Zelle B4 und verlängert den Zeitraum der sich durch die freien Tage aus dem Bereich B6 bis B8 ergeben. Das Projektende wäre in diesem Fall nunmehr der 04.02.2020.

Syntax:
=ARBEITSTAG(A4;B4;B6:B8)

	A	B	C	D	E
	H13		fx		
1	**Startdatum:**	**Dauer Tage:**	**Enddatum:**	**Formel:**	
2	02.01.20	20	22.01.20	=A2+B2	
3	02.01.20	20	30.01.20	=ARBEITSTAG(A3;B3)	
4	02.01.20	20	04.02.20	=ARBEITSTAG(A4;B4;B6:B8)	
5					
6	**Freie Tage:**	06.01.20			
7		07.01.20			
8		20.01.20			
9					

Abbildung 9.12: Arbeitstag-Funktion in Excel.

9.8 Nettoarbeitstage – Funktion

Das Ganze können Sie nicht nur addieren, sondern auch subtrahieren. Möchten Sie zwei Datumswerte voneinander abziehen, so dass Sie die Differenz in Tagen erhalten, kann dies mit einer einfachen Formel umgesetzt werden – oder mit der eben erwähnten Funktion NETTOARBEITSTAGE.

In Zelle C2 wird die Differenz zwischen den Datumswerten aus den Zellen B2 und A2 berechnet, dabei verwenden Sie die Formel: =B2-A2. Das Ergebnis sind 18603 Tage – auch hier wieder inklusive Samstage und Sonntage.

Syntax:
=B2-A2

	A	B	C	D	E
1	**Startdatum:**	**Enddatum:**	**Differenz:**	**Formel:**	
2	15.01.70	21.12.20	18603	=B2-A2	
3					

F8

Abbildung 9.13: Datumswerte voneinander subtrahieren.

Im unteren Beispiel der Abbildung 9.14 verwenden wir in Zeile 3 nun die Funktion NETTOARBEITSTAGE. Hier werden die Wochenenden mit einbezogen und von einer fünftägigen Arbeitswoche ausgegangen.

Syntax:
=NETTOARBEITSTAGE(STARTDATUM ; ENDDATUM)

	A	B	C	D	E
1	**Startdatum:**	**Enddatum:**	**Differenz:**	**Formel:**	
2	15.01.70	21.12.20	18603	=B2-A2	
3	15.01.70	21.12.20	13288	=NETTOARBEITSTAGE(A3;B3)	
4					

G9

Abbildung 9.14: Nettoarbeitstage-Funktion in Excel.

Nicht in die Berechnung fließen hier Feiertage, freie Tage oder Krankheitstage mit ein. Diese müssen - ähnlich wie bei der Funktion ARBEITSTAG – manuell der Funktion mitgeteilt werden.

Syntax:
=NETTOARBEITSTAGE(STARTDATUM ; ENDDATUM ; ZELLBE-
REICH FREIE TAGE)

146

	A	B	C	D
1	**Startdatum:**	**Enddatum:**	**Differenz:**	**Formel:**
2	15.01.70	21.12.20	18603	=B2-A2
3	15.01.70	21.12.20	13288	=NETTOARBEITSTAGE(A3;B3)
4	15.01.70	21.12.20	13285	=NETTOARBEITSTAGE(A4;B4;B6:B8)
5				
6	**Freie Tage:**	19.01.70		
7		04.01.71		
8		09.01.75		
9				

Abbildung 9.15: Nettoarbeitstage-Funktion in Excel.

9.9 Datedif – Funktion

Eine sehr interessante und wichtige Funktion ist DATEDIF in Excel. Mit dieser Funktion können Sie schnell und einfach Datumsdifferenzen anhand bestimmter Parameter vollziehen. In unserem nachfolgenden Beispiel haben wir wieder ein Start- und ein Enddatum. Wir möchten gerne die Differenz in Tage, Monate und Jahre berechnen.

DATEDIF ist eine undokumentierte versteckte Funktion. Schauen Sie einmal in den Funktionsassistenten unter den Datums-Funktionen nach. Sie werden diese Funktion nicht entdecken. Auch wenn Sie in Excel mit der Funktion starten: =DATEDIF(...) – wird keine Funktionshilfe aufklappen.

Syntax:
=DATUMDIF(STARTDATUM;ENDDATUM;PARAMETER)

Betrachten wir unser nachfolgendes Beispiel (Abbildung 9.16). Unsere Funktion =DATUMDIF(A2;B2;"D") berechnet aus dem Startdatum in Zelle A2 und dem Enddatum in Zelle B2 die Differenz in Tagen – da wir als drittes Argument und damit Parameter ein „D" angegeben haben. Dieses „D" entspricht der Differenz in Tagen.

	A	B	C	D	E
	Startdatum	Enddatum	Differenz	Formel:	
1					
2	15.01.70	21.12.20	18603	=DATEDIF(A2;B2;"D")	
3	15.01.70	21.12.20	611	=DATEDIF(A3;B3;"M")	
4	15.01.70	21.12.20	50	=DATEDIF(A4;B4;"Y")	
5					
6	15.01.70	21.12.20	6	=DATEDIF(A6;B6;"MD")	
7	15.01.70	21.12.20	340	=DATEDIF(A7;B7;"YD")	
8	15.01.70	21.12.20	11	=DATEDIF(A8;B8;"YM")	
9					

Abbildung 9.16: Datedif-Funktion in Excel.

D – Differenz in Tagen.
M – Differenz in Monate.
Y – Differenz in Jahren.

MD- Differenz in Tagen innerhalb des gleichen Monates.
YD – Differenz in Tagen innerhalb eines Jahres.
YM – Differenz in Monaten innerhalb eines Jahres.

Die ersten drei Parameter D, M und J berechnen die Differenz zwischen 1970 und 2020 in Tage, Monate und Jahren.

Die letzten drei Parameter MD, YD und YM ignorieren die Monats- bzw. Jahreszahlen. Bei MD wird die Differenz in Tage zwischen dem 15ten und dem 21ten berechnet – unabhängig davon, dass es sich um den 15. Januar und den 21. Dezember handelt. Der Parameter YD berechnet die Differenz zwischen dem 15. Januar und dem 21. Dezember und ignoriert dabei die Jahreszahlen 1970 und 2020. Und der Parameter YM berechnet die Differenz zwischen Januar und Dezember – ungeachtet der Jahreszahlen.

9.10 Datum – Funktion

Die Funktion DATUM verkettet numerische Werte zu einem regulären Datumswert. Wurden – als Beispiel – Datumswerte mit den Funktionen TAG, MONAT und JAHR „auseinander" genommen – können diese mit DATUM wieder zusammengefügt werden.

Syntax:
```
=DATUM(WERT FÜR JAHRESZAHL ; WERT FÜR MONATSZAHL ;
WERT FÜR TAGESZAHL)
```

	A	B	C	D	E	F
	J14		fx			
1	Tag:	Monat:	Jahr:			
2	11	2	2020			
3						
4	Datum:	11.02.20	=DATUM(C2;B2;A2)			
5						

Abbildung 9.17: Datum-Funktion in Excel.

Bitte beachten Sie, dass sich aus den entsprechenden Werten auch ein gültiges Datum ableiten lässt! Beispiel: =DATUM(2020;2;21) liefert Ihnen den Wert „21.02.2020". Im Falle von: =DATUM(2020;13;21) erhalten Sie aber keine Fehlermeldung, sondern als Ergebnis den „21.01.2021" – Excel rechnet in diesem Falle 12 Monate im Jahr 2020 plus einen Monat – und landet damit im

Januar 2021! Das Gleiche passiert, wenn zum Beispiel die Anzahl der Tage 44 lautet.

9.11 Zeit – Funktion

Die Funktion ZEIT ist ähnlich aufgebaut wie die vorherige Funktion DATUM. Aus verschiedenen numerischen Einzelwerten kann eine zusammenhängende Zeitangabe verkettet werden.

Syntax:
=ZEIT(WERT FÜR STUNDEN ; WERT FÜR MINUTEN ; WERT FÜR SEKUNDEN)

	A	B	C	D	E	F
1	Stunde:	Minute	Sekunde:			
2	13	21	20			
3						
4	Zeit:	13:21:20	=ZEIT(A2;B2;C2)			
5						

Abbildung 9.18: Zeit-Funktion in Excel.

Auch hier gilt zu beachten, bei größeren Werten als 24 Stunden, 60 Minuten oder 60 Sekunden wird aufaddiert! Bei einer Berechnung von: =ZEIT(2;70;20) wird Ihnen Excel das Ergebnis 3 Stunden, 10 Minuten und 20 Sekunden liefern – da die 70 Minuten in 60 Minuten + 10 Minuten berechnet werden. Diesen Umstand kann man sich jedoch auch zu Nutze machen.

In unserem nachfolgenden Beispiel der Abbildung 9.19 haben wir eine Arbeitszeit von 770 Minuten (Zelle A2). Wenn Sie nun wissen möchten, wie viele Stunden und Minuten dies entspricht, wenden Sie die Zeit-Funktion auf die entsprechende Zelle an. Die Argumente für Stunden und Sekunden können einfach weggelassen werden.

Syntax:
```
=ZEIT( ; A2 ; )
```

G11		f_x		
	A	B	C	D	E
1	**Arbeitszeit in Minuten:**				
2	770				
3					
4	**Arbeitszeit in Stunden:**				
5	12:50:00	=ZEIT(;A2;)			
6					

Abbildung 9.19: Zeit-Funktion in Excel.

9.12 Rechnen mit Zeitwerten

In diesem Kapitel geht es nicht um bestimmte Zeitfunktionen – dennoch soll dieses Thema Beachtung finden, da oft erforderlich in der Praxis. Hier gibt es vor allem bei der Addition das Eine oder Andere zu beachten.

Zeiten subtrahieren.

Starten wir mit dem Beispiel Abbildung 9.20 – einer Tabelle mit Arbeitszeiten. In Spalte B sind die „Kommt" Uhrzeiten aufgeführt, in Spalte C die jeweiligen „Geht" Uhrzeiten aufgelistet.

Möchten Sie nun die Differenz in Stunden und Minuten berechnen, so müssen einfach den Wert aus Spalte C vom Wert der Spalte B subtrahieren. Die entsprechende Formel =C2-B2 können Sie nach der Eingabe ja einfach nach unten ziehen und somit kopieren.

Syntax:
=C2-B2

K13	▲▼	✕ ✓	fx			
	A	B	C	D	E	F
1		Kommt:	Geht:	Stunden:	Formel:	
2	Mo	08:00	17:15	09:15	=C2-B2	
3	Di	09:00	17:00	08:00	=C3-B3	
4	Mi	07:45	15:00	07:15	=C4-B4	
5	Do	08:30	19:15	10:45	=C5-B5	
6	Fr	08:15	16:30	08:15	=C6-B6	
7						

Abbildung 9.20 Zeiten voneinander abziehen.

Zeiten addieren.

Möchten Sie am Ende dann die aufgelaufenen Arbeitszeiten aus Spalte D summieren, können Sie dies wiederum einfach mit der Funktion SUMME umsetzen. Sie sehen in Abbildung 8.20 in der Zelle D8 die Summen-Funktion.

Syntax:
=SUMME(D2:D6)

Doch das Ergebnis überrascht ein wenig. Wir erhalten eine Gesamtdauer von 19:30 Stunden / Minuten in der Zelle D8. Alleine das Ergebnis der ersten drei Zeiten sollten mehr als diese 19:30 Stunden / Minuten sein. Was ist also passiert? Der Excel-Format-Assistent hat wieder einmal zugeschlagen. Beim Addieren ist das Zellen-Format auf Uhrzeit statt Dauer umgesprungen. Sobald die Addition die 24:00 überschritten hat – wurde wieder von 0:00 hinzu summiert. Die Funktion: =SUMME(D2:D6) ist nicht falsch und liefert auch das richtige Ergebnis – alleine die Formatierung für die Zelle D8 muss angepasst werden.

H9			f_x			
	A	B	C	D	E	F
1		Kommt:	Geht:	Stunden:	Formel:	
2	Mo	08:00	17:15	09:15	=C2-B2	
3	Di	09:00	17:00	08:00	=C3-B3	
4	Mi	07:45	15:00	07:15	=C4-B4	
5	Do	08:30	19:15	10:45	=C5-B5	
6	Fr	08:15	16:30	08:15	=C6-B6	
7						
8			Summe:	19:30	=SUMME(D2:D6)	
9						

Abbildung 9.21: Die Funktion stimmt, die Formatierung nicht.

Ändern der Zellformatierung:

1. Markieren Sie die Zelle D8, indem Sie mit der Maus die Zelle anklicken.

2. Klicken Sie auf der Zelle die rechte Maustaste.

3. Ein Kontextmenü öffnet sich.

4. Wählen Sie im unteren Bereich das Menü „Zellen formatieren aus".

5. Wählen Sie im linken Bereich die Formatierung „Benutzerdefiniert" aus.

6. Im rechten großen Auswahlfeld scrollen Sie nun bitte nach unten und wählen hier wiederum die Formatierung [h]:mm:ss aus.

7. Bestätigen Sie die Auswahl mit dem OK-Button.

Benutzerdefiniertes Zellformat:

`[h]:mm:ss`

Abbildung 9.22: Benutzerdefiniertes Zellformat verwenden.

Nun sollte das Ergebnis der Zeiten Addition auch stimmen:

Abbildung 9.23: Richtige Zellformatierung: Dauer.

Dauer in dezimal anzeigen lassen.

Arbeitszeiten subtrahieren und addieren geht also recht einfach mit bereits bekannten Formeln und Funktionen. Nun möchten Sie jedoch das Ergebnis von 43 Stunden und 30 Minuten sich in dezimal anzeigen lassen – um vielleicht darauf Ihren entsprechenden Stundensatz berechnen zu können.

Dazu erweitern wir die Beispieltabelle in Abbildung 9.24 um eine weitere Zelle – in der wir nachfolgende Formel eintragen. Damit wird die Dauer-Zeit in Dauer-Dezimal umgerechnet. Die Formel ist recht einfach – es muss lediglich die Dauer aus Zelle D8 mit 24 (Stunden) multipliziert werden.

Syntax:
=D8*24

I15		fx				
	A	B	C	D	E	F
1		Kommt:	Geht:	Stunden:	Formel:	
2	Mo	08:00	17:15	09:15	=C2-B2	
3	Di	09:00	17:00	08:00	=C3-B3	
4	Mi	07:45	15:00	07:15	=C4-B4	
5	Do	08:30	19:15	10:45	=C5-B5	
6	Fr	08:15	16:30	08:15	=C6-B6	
7						
8			Summe:	43:30:00	=SUMME(D2:D6)	
9			Dezimal:	1044:00:00	=D8*24	
10						

Abbildung 9.24: Berechnung der Dauer in dezimal.

Bitte wundern Sie sich nicht! Beim Rechnen mit Zeiten hat es der Formatierungsassistent von Excel „einfach nicht drauf". Als Ergebnis bekommen Sie nach Eingabe unserer Formel den Wert 1044:00:00 dargestellt.

Dies liegt daran, dass wir die Dauer zwar als Dezimalwert berechnet haben, Excel aber davon nichts mitbekommen hat und die Formatierung noch immer auf Dauer-Zeit eingestellt ist.

Ein letztes Mal müssen wir erneut händisch die Formatierung abändern. Klicken Sie erneut auf die Zelle D9 und setzen das Format bitte auf „Standard" (Zahl) um. Das Ergebnis sollte dann wie in Abbildung 9.25 sein. Unsere Arbeitszeit im dezimal Format beträgt 43,5 Stunden.

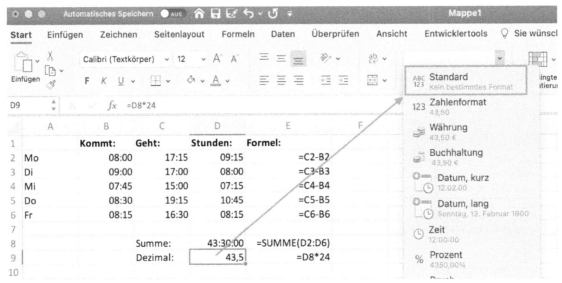

Abbildung 9.25: Arbeitszeit im dezimal Format.

Kapitel 10 Text Funktionen in Excel

10.1 Glätten – Funktion

Die erste Text-Funktion, welche wir abhandeln, ist GLÄTTEN. Eine recht schnell erklärte und einfache Funktion. Sie entfernt alle Leerzeichen vor und nach Textzeichen – sowie zwischen den einzelnen Texten.

Syntax:
=GLÄTTEN(TEXT ODER ZELLE)

J13		fx				
	A	B	C	D	E	F
1	**Text:**	Hier steht ein Text mit Leerzeichen				
2						
3	**Geglättet:**	Hier steht ein Text mit Leerzeichen				
4						
5	**Formel:**	=GLÄTTEN(B1)				
6						

Abbildung 10.1: Glätten-Funktion in Excel.

10.2 Gross – Funktion

Die Funktion GROSS wandelt den gesamten Text in Großbuchstaben um. Die Groß- und Kleinschreibung der angegebenen Zeichen und der Zeichenfolge spielt dabei überhaupt keine Rolle. Alle Zeichen im Text werden als Groß-buchstaben umgewandelt.

Syntax:

```
=GROSS(TEXT ODER ZELLE)
```

I10		fx				
	A	B	C	D	E	F
1	**Text:**	Hier	steht ein Text	mit Leerzeichen		
2						
3	**GROSS:**	HIER	STEHT EIN TEXT	MIT LEERZEICHEN		
4						
5	**Formel:**	=GROSS(B1)				
6						

Abbildung 10.2: Gross-Funktion in Excel.

10.3 Gross2 – Funktion

Die Funktion GROSS2 wiederum wandelt nur die Anfangsbuchstaben in Großbuchstaben um. Die Groß- und Kleinschreibung der angegebenen Zeichen und der Zeichenfolge spielt dabei überhaupt keine Rolle. Jedes erste Zeichen eines Textes wird in einen Großbuchstaben umgewandelt.

Mit der Funktion GROSS2 können jedoch nicht nur klein geschriebene Zeichenfolgen in groß umgewandelt werden, sondern auch anders herum. So wird aus „dies ist ein text" mit GROSS2 „Dies Ist Ein Text" – aber auch eben aus „DIES IST EIN TEXT" dann „Dies Ist Ein Text".

So könnten Sie aus einer Spalte mit großgeschriebenen Ortsnamen „BERLIN" eine Umwandlung in „Berlin" mit GROSS2 bewirken.

Syntax:

```
=GROSS2(TEXT ODER ZELLE)
```

	A	B	C	D	E	F
1	**Text:**	Hier	steht	ein TEXT	mit	Leerzeichen
2						
3	**GROSS2:**	Hier	Steht	Ein Text	Mit	Leerzeichen
4						
5	**Formel:**	=GROSS2(B1)				
6						

Abbildung 10.3: Gross2-Funktion in Excel.

10.4 Klein – Funktion

Genau das Gegenteil bewirkt die Funktion KLEIN in Excel. Sie wandelt groß-geschriebene Zeichen in Kleinbuchstaben um. Die Groß- und Kleinschreibung der angegebenen Zeichen und der Zeichenfolge spielt dabei überhaupt keine Rolle.

Auch hier kann man sowohl Texte wie „HIER STEHT VIEL" in „hier steht viel" oder auch „Hier Steht Viel" in „hier steht viel" umwandeln.

In nachfolgenden Beispielen mit anderen Text-Funktionen werden wir noch auf die Nützlichkeit der Excel Funktionen GROSS, GROSS2 und KLEIN an einem späteren Zeitpunkt zurückkommen. Sie wissen ja inzwischen – viele Funktionen machen alleine nicht unbedingt einen Sinn – in Kombination und Zusammenspiel mit weiteren Funktionen sind sie mitunter jedoch mehr als nur nützlich und oft sogar notwendig.

Syntax:
=KLEIN(TEXT ODER ZELLE)

	A	B	C	D	E	F
1	**Text:**	HIER	STEHT EIN TEXT	MIT VIELEN ZEICHEN		
2						
3	**KLEIN:**	hier	steht ein text	mit vielen zeichen		
4						
5	**Formel:**	=KLEIN(B1)				
6						

Abbildung 10.4: Klein-Funktion in Excel.

10.5 Wiederholen – Funktion

Mit der Funktion WIEDERHOLEN können sie bestimmte Zeichen – wie der Name schon sagt – wiederholen. Wie oft, geben Sie innerhalb der Funktion mit einem numerischen Wert selbst an.

Syntax:
=WIEDERHOLEN(ZEICHEN;ANGABE WIEDERHOLUNGEN)

	A	B	C	D	E
1	Zeichen:	Wiederholungen	Ergebnis:	Formel:	
2	#	5	#####	=WIEDERHOLEN(A2;B2)	
3					

Abbildung 10.5: Wiederholen-Funktion in Excel.

Zeichen und Wiederholungen können als Zellbezug, aber auch als feste und damit absolute Werte als Argumente innerhalb der Funktion angegeben werden. Die Funktion =WIEDERHOLEN(A2;B2) nimmt das Zeichen in Zelle A2 und wiederholt es so oft, wie in Zelle B2 angegeben. Die Funktion

160

=WIEDERHOLEN(„#";5) gibt Ihnen entsprechend „#####" aus – entsprechend Ihrer absoluten Eingabe.

Wie und wo könnte ich so etwas nutzen?

Für was? Möchte man fragen. Schauen Sie sich unser nachfolgendes Beispiel in Abbildung 10.6 doch etwas genauer an.

	A	B	C	D	E	F
1	Ort:	Umsatz:	Rang:	Symbol:	Formel:	
2	Berlin	300	2	**	=WIEDERHOLEN("*";C2)	
3	München	200	1	*	=WIEDERHOLEN("*";C3)	
4	Hamburg	700	4	****	=WIEDERHOLEN("*";C4)	
5	Stuttgart	400	3	***	=WIEDERHOLEN("*";C5)	
6						

Abbildung 10.6: Wiederholen- und Rang-Funktion in Kombination.

Syntax:
```
=WIEDERHOLEN(„*";C2)
```

In der oben abgebildeten Tabelle haben wir Umsätze aus verschiedensten Städten aufgelistet. In der Spalte C berechnen wir den RANG der entsprechenden Umsätze (siehe auch Kapitel 5.9). Eine einfache Zahl für die Platzierung reicht uns jedoch nicht aus – wir möchten die Platzierung auch „optisch" irgendwie darstellen. Dazu nehmen wir die Funktion WIEDERHOLEN – mit der wir das Zeichen „*" so oft wiederholen, wie in Spalte C zum jeweiligen Umsatz die entsprechende Rang-Zahl vermerkt ist. Die Zelle D2 bekommt zweimal das Symbol „*" – da in Zelle C2 der Rang mit 2 angegeben ist – und dies als Multiplikator verwendet wird.

10.6 Text – Funktion

Die Funktion TEXT in Excel ist sehr nützlich, universell und dennoch meist unbeachtet. Sie wandelt vorhandene Zellinhalte in entsprechende Formate um – oder entfernt sogar deren Formate! Gerade bei Importen aus anderen Quellen kann die Funktion sehr nützlich sein. Wir haben die Funktion bereits in Kapitel 9.5 kennengelernt bei der Anzeige von Tages- und Monatsnamen.

`=TEXT(WERT ODER ZELLBEZUG;FORMAT)`

	A	B	C	D
1	**Importe:**	**Ergebnis:**	**Formel:**	
2	*Ein Text in kursiv*	Ein Text in kursiv	=TEXT(A2;"")	
3	Ein Text in fett	Ein Text in fett	=TEXT(A3;"")	
4	www.apple.com	www.apple.com	=TEXT(A4;"")	
5	01.02.20	Samstag	=TEXT(A5;"TTTT")	
6	01.02.20	Februar	=TEXT(A6;"MMMM")	
7	300	300,00€	=TEXT(A7;"0,00€")	
8				

Abbildung 10.7: Text-Funktion in Excel.

Wie Sie auf die Formatierungen kommen sollen?

Ganz einfach. Markieren Sie einfach nochmals irgendeine Zelle und klicken die rechte Maustaste und wählen das Kontextmenü „Zellen formatieren" aus. Wählen Sie im linken Listenfeld ganz unten „Benutzerdefiniert" - hier sehen Sie nun einige Format-Beispiele, welche Sie in der Text-Funktion verwenden können.

10.7 Wert – Funktion

Mit der Funktion WERT können Sie entsprechende Werte oder Zellinhalte in einen numerischen Wert umwandeln. Der Anwendungsbereich ist sehr breit gefächert. So können Sie nicht nur bestimmte Währungsangaben entfernen – sondern auch Bruch- und Prozentzahlen in numerische Werte umwandeln und somit umformatieren. Sollte eine Zeichenfolge jedoch einen Text beinhalten, schlägt die Funktion fehl. So ist es nicht möglich, aus einem „T 300" den Wert 300 heraus zu bekommen. Hier muss die Funktion WERT wiederum mit anderen Funktionen kombiniert werden.

Syntax:
```
=WERT(ZEICHENFOLGE ODER ZELLE)
```

	A	B	C	D	E
1	**Wert:**	**Ergebnis:**	**Formel:**		
2	100,00 €	100	=WERT(A2)		
3	30%	0,3	=WERT(A3)		
4	T 300	#WERT!	=WERT(A4)		
5					

Abbildung 10.8: Wert-Funktion in Excel.

10.8 Links – Rechts – Funktion

Mit diesen beiden Funktionen LINKS und RECHTS können Sie eine bestimmte Anzahl an Zeichen aus einer Zeichenfolge heraus extrahieren.

Syntax:
```
=LINKS(ZEICHENFOLGE ODER ZELLE;ANZAHL ZEICHEN)
```

Syntax:
```
=RECHTS(ZEICHENFOLGE ODER ZELLE;ANZAHL ZEICHEN)
```

	A	B	C	D
1	**Text:**	**Ergebnis:**	**Formel:**	
2	20597 Hamburg	20597	=LINKS(A2;5)	
3	20597 Hamburg	Hamburg	=RECHTS(A3;7)	
4				

Abbildung 10.9: Links- Rechts-Funktion in Excel.

In unserem Beispiel Abbildung 10.9 sehen Sie in Zelle A2 und A3 jeweils die Zeichenfolge „20597 Hamburg". Möchten Sie nun alleine die Postleitzahl heraus extrahieren, verwenden Sie die Funktion: =LINKS(A2;5). Excel nimmt die Zelle und deren Inhalt und extrahiert von links aus gesehen 5 Zeichen heraus. Im zweiten Beispiel wird mit: =RECHTS(A3;7) aus der Zelle A3 von rechts aus gesehen 7 Zeichen heraus extrahiert.

Hinweis: So lange es immer die gleiche Anzahl an Zeichen ist, welche extrahiert wird, sind beide Funktionen die erste Wahl. Bei der Postleitzahl wird es sich wohl immer um 5 Stellen von links handeln. Bei Stadtnamen sieht es schon anders aus, da diese nicht wie Hamburg, immer exakt 7 Stellen haben werden. Dieses Problem werden wir später mit anderen Funktionen lösen.

Texte extrahieren und umwandeln.

Sie erinnern sich an Funktion WERT aus dem vorherigen Kapitel? Im Beispiel der Abbildung 10.10 befindet sich in Zelle A2 der Text „Geboren im Jahr 1953". Wir würden gerne die Jahreszahl 53 aus dem angegebenen Text extrahieren und direkt als numerischen Wert umwandeln – damit wir weitere Berechnungen damit machen können.

Mit RECHTS(A2;2) holen wir den Text 53 aus dieser Zeichenfolge von Zelle A2 heraus. Und da es sich hier immer noch um eine „textformatierte" 53 handelt – wandeln wir mit WERT das Ganze in eine „numerische" 53 um.

Syntax:
```
=WERT( RECHTS(A2;2) )
```

F13		f_x		
	A	B	C	D
1	**Text:**	**Ergebnis:**	**Formel:**	
2	Geboren im jahr 1953	53	=WERT(RECHTS(A2;2))	
3				

Abbildung 10.10: Rechts-Funktion in Kombination mit WERT.

Zur Erinnerung: Immer von Innen nach Außen eine verschachtelte Funktion lesen. Erst wird die 53 als Text extrahiert und dann diese 53 als Wert umgewandelt.

10.9 Länge – Funktion

Die Funktion LÄNGE gibt Ihnen die Anzahl der Zeichen in einer Zeichenkette zurück. Dabei werden die Leerzeichen als Zeichen mitgezählt. Wir werden diese Funktion noch in späteren Beispielen benötigen.

Syntax:
```
=LÄNGE(ZEICHENKETTE ODER ZELLE)
```

	A	B	C	D
1	**Text:**	**Ergebnis:**	**Formel:**	
2	Geboren im jahr 1953	20	=LÄNGE(A2)	
3				

Abbildung 10.11: Länge-Funktion in Excel.

10.10 Suchen – Funktion

Mit der Funktion SUCHEN können Sie nach einem bestimmten Zeichen bzw. bestimmten Zeichenkette innerhalb eines Textes suchen. Als Rückgabewert erhalten Sie die Positionsnummer. Sollten die gesuchten Zeichen nicht im gesuchten Bereich vorhanden sein – erhalten Sie eine Fehlermeldung.

Syntax:

```
=SUCHEN(SUCHKRITERIUM;SUCHBEREICH;AB WELCHEM ZEICHEN
WIRD GESUCHT?)
```

	A	B	C	D
1	**Text:**	**Ergebnis:**	**Formel:**	
2	Dies ist ein Einmachglas	10	=SUCHEN("ein";A2;1)	
3	Dies ist ein Einmachglas	10	=SUCHEN("Ein";A3;1)	
4	Völlig anderer Text	#WERT!	=SUCHEN("ein";A4;1)	
5				

Abbildung 10.12: Suchen-Funktion in Excel.

W i c h t i g: Die Funktion SUCHEN unterscheidet nicht zwischen Groß- und Kleinschreibung! Ob Sie nach „ein" oder „Ein" suchen spielt daher keine Rolle. Es wird generell nach der Zeichenkette „ein" gesucht und als Treffer bewertet – sobald im gesuchten Bereich „ein" oder „Ein" auftreten.

Schauen wir das Beispiel in Abbildung 10.12 genauer an. Die Funktion =SUCHEN(„ein";A2;1) verwendet das Kriterium „ein" zur Suche in Zelle A2 und startet dabei beim ersten Zeichen von „Dies ist ein Einmachglas". Als Ergebnis liefert die Funktion uns die Position 10 – das erste „ein" wurde als Treffer errechnet.

Im zweiten Beispiel in Zelle B3 suchen wir nach dem Kriterium „Ein" – erhalten als Rückgabewert trotzdem die Position 10. Da die Funktion SUCHEN nicht zwischen „ein" und „Ein" unterscheiden kann.

Im Beispiel der Zelle B4 erhalten Sie eine Fehlermeldung. Die Zeichenkette aus Zelle A4 kommt das Kriterium „ein" nicht vor.

10.11 Finden – Funktion

Die Funktion FINDEN unterscheidet beim Suchkriterium zwischen der Groß- und Kleinschreibung. Damit ist der Unterschied zur Suchen-Funktion auch bereits erklärt.

Im ersten Beispiel der Abbildung 10.13 suchen wir nach der Zeichenkette „ein", welche sich in Zelle A2 an der zehnten Position befindet. Im zweiten Beispiel jedoch lautet das Suchkriterium „Ein" – welches sich an der vierzehnten Position von Zelle A3 befindet.

Wird das Suchkriterium nicht gefunden, liefert auch FINDEN eine Fehlermeldung zurück.

Syntax:

```
=FINDEN(SUCHKRITERIUM;SUCHBEREICH;AB WELCHEM ZEICHEN
WIRD GESUCHT?)
```

G12		✕ ✓	*fx*	
	A	B	C	D
1	**Text:**	**Ergebnis:**	**Formel:**	
2	Dies ist ein Einmachglas	10	=FINDEN("ein";A2;1)	
3	Dies ist ein Einmachglas	14	=FINDEN("Ein";A3;1)	
4	Völlig anderer Text	#WERT!	=FINDEN("ein";A4;1)	
5				

Abbildung 10.13: Finden-Funktion in Excel.

10.12 Teil – Funktion

Mit der Funktion TEIL können Sie innerhalb einer Zeichenkette einen bestimmten Teil heraus extrahieren. Sie erinnern sich an unsere Funktionen LINKS und RECHTS. Beide können nur vom linken oder rechten Rand aus Zeichen bzw. Zeichenketten heraus nehmen. Mit der Funktion TEIL geben Sie an, welche Zeichenkette durchsucht werden soll, ab welcher Position begonnen und bei welcher Position das Ausschneiden beendet werden soll.

Schauen Sie sich bitte das Beispiel in Abbildung 10.14 an. Unsere Teil-Funktion nimmt die Zeichenkette aus Zelle A2 und startet ab der siebten Position. Von dieser aus extrahiert sie 6 Zeichen – dies ergibt dann wiederum als Ergebnis „Berlin".

Syntax:

```
=TEIL(ZEICHENKETTE ODER ZELLE;STARTPOSITION; ENDPO-
SITION)
```

	A	B	C	D
1	**Text:**	**Ergebnis:**	**Formel:**	
2	324 - Berlin - 1234	Berlin	=TEIL(A2;7;6)	
3				

Abbildung 10.14: Teil-Funktion in Excel.

10.13 Verketten – Funktion

Die Funktion VERKETTEN „addiert" eine x-beliebige Anzahl an einzelnen Zeichenketten zu einer einzigen Zeichenkette. Sie können dabei feste Zeichen zum Verknüpfen verwenden, aber ebenso Zellbezüge.

Syntax:
```
=VERKETTEN(ZEICHENKETTE1;ZEICHENKETTE2;...)
```

	A	B	C	D	E
1	Land	PLZ	Ort	Ergebnis	Formel
2	D	20597	Hamburg	D - 20597 Hamburg	=VERKETTEN(A2;" - ";B2;" ";C2)
3					

Abbildung 10.15: Verketten-Funktion in Excel

In unserem Beispiel Abbildung 10.15 verketten wir die Zeichen aus den Zellen A2, B2 und C3. Allerdings werden nicht nur die Zelleninhalte alleine verkettet – mit jeweils einem Semikolon getrennt – es werden auch feste Werte mit verkettet, welche wir von Hand eingegeben haben.

Unser Beispiel verkettet aus Zelle A2 das Zeichen „D" mit den von uns fest eingegebenen Zeichen „ – „ um weiter den Text aus Zelle B2 (20000) mit dem fest eingegebenen Leerzeichen „ „ und dem Text aus Zelle C2 (Hamburg) zu verketten. Am Ende erhalten wir den kompletten Text „D – 20000 Hamburg".

Syntax:
= VERKETTEN(A2 ; " - „ ; B2 ; " „ ; C2)

10.14 Ersetzen – Funktion

Die Funktion ERSETZEN bietet Ihnen die Möglichkeit vorhandene Zeichen, gegen ein neues Zeichen bzw. Texte zu ersetzen. Dies bedeutet jedoch nicht, dass wir ein bestimmtes Zeichen durch ein anderes Zeichen – oder einen bestimmten Text durch einen anderen Text ersetzen! Wir müssen bei der Funktion ERSETZEN genau den Startpunkt und die Länge des zu ersetzenden Textes kennen!

Syntax:
=ERSETZEN(ZEICHENKETTE ODER ZELLE ; STARTPOSITION ; LÄNGE DES ERSETZENDEN ZEICHENS/ZEICHENKETTE)

In unserem Beispiel der Abbildung 10.16 geht die Funktion ERSETZEN in die Zelle A2 an die achte Position und ersetzt hier drei vorhandene Zeichen durch die Zeichenkette „EUR". Zufällig haben CHF und EUR die gleiche Anzahl an Zeichen.

Schauen Sie sich daher bitte noch das zweite Beispiel an. Hier wird durch ERSETZEN in Zelle A3 an die siebzehnte Position gesprungen und sechs Zeichen ersetzt (Berlin = 6 Zeichen) durch den Text „Münnchen". Sie müssen also immer exakt angeben, wie viele Zeichen alten Textes Sie ersetzen möchten.

	A	B	C
1	Text:	Ergebnis:	Formel:
2	300,00 CHF	300,00 EUR	=ERSETZEN(A2;8;3;"EUR")
3	Bernd kommt aus Berlin Mitte	Bernd kommt aus München Mitte	=ERSETZEN(A3;17;6;"München")
4			

Abbildung 10.16: Ersetzen-Funktion in Excel.

10.15 Wechseln – Funktion

Als Nächstes schauen wir uns die Funktion WECHSELN an. Eine sehr bequeme Funktion, im Gegensatz zu ERSETZEN. Hier geben Sie an, nach welchem Zeichen oder Zeichenkette Sie innerhalb eines Textes suchen und durch welches Zeichen bzw. Zeichenkette Sie diese ersetzen möchten.

Syntax:

```
=WECHSELN(ZEICHENKETTE ODER ZELLE ; SUCHE NACH TEXT
; ERSETZE DURCH DIESEN TEXT ; OPTIONAL VORKOMMEN
BEACHTEN)
```

	A	B	C
1	Text:	Ergebnis:	Formel:
2	Gruppe Süd in Deutschland Süd	Gruppe Nord in Deutschland Nord	=WECHSELN(A2;"Süd";"Nord")
3	Gruppe Süd in Deutschland Süd	Gruppe Nord in Deutschland Süd	=WECHSELN(A3;"Süd";"Nord";1)
4	Gruppe Süd in Deutschland Süd	Gruppe Süd in Deutschland Nord	=WECHSELN(A4;"Süd";"Nord";2)
5	Gruppe Süd in Deutschland Süd	Gruppe Süd in Deutschland Süd	=WECHSELN(A5;"süd";"Nord")
6			

Abbildung 10.17: Wechseln-Funktion in Excel.

In der Abbildung 10.17 erstes Beispiel Zelle B2, sucht unsere Funktion WECHSELN in Zelle A2 nach dem Text „Süd" und ersetzt überall bei Vorkommen diesen Text durch „Nord".

Im zweiten Beispiel Zelle B3 geben wir am Schluss den optionalen Parameter 1 an. Dadurch wird nur das erste „Süd" in „Nord" ersetzt. Der Text „Süd" am Schluss in Zelle A3 beliebt erhalten. Im dritten Beispiel Zelle B4 verwenden wir 2 als optionalen Parameter. Dadurch bleibt das erste „Süd" erhalten und nur das zweite „Süd" wird durch „Nord" ersetzt.

Im letzten Beispiel Zelle B5 wird keines der Texte „Süd" innerhalb der Zelle A5 ersetzt, da wir als Suchkriterium „süd" kleingeschrieben verwendet haben, welches in unserem Suchtext nirgends vorkommt.

10.16 Identisch – Funktion

Mit der Funktion IDENTISCH können Sie zwei Werte, Zeichen, Zeichenketten und Zellen vergleichen.

Syntax:
```
=IDENTISCH(VERGLEICH 1 ; VERGLEICH 2)
```

	A	B	C	D	E
	Gruppe A	Gruppe B	Ergebnis	Formel	
2	Süd	Süd	WAHR	=IDENTISCH(A2;B2)	
3	Süd	süd	FALSCH	=IDENTISCH(A3;B3)	
4	5	5	WAHR	=IDENTISCH(A4;B4)	
5	50%	0,5	WAHR	=IDENTISCH(A5;B5)	

Abbildung 10.18: Identisch-Funktion in Excel.

Sind die zu vergleichenden Werte identisch, so liefert die Funktion ein logisches WAHR, ansonsten ein logisches FALSCH zurück. Die Groß- und Klein-

172

schreibung wird unterschieden. Es können jedoch nicht nur Zeichen bzw. Zeichenketten miteinander verglichen werden, sondern auch normale Zahlenwerte. Auch identische Werte unterschiedlicher Formatierung werden erkannt, wie 50% und 0,5 aus den Zellen A5 und B5.

10.17 Beispiele: Text Funktionen kombinieren

Und nun wollen wir ein Beispiel mit mehreren verschachtelten Text-Funktionen erstellen. Wie schon oft erwähnt, ist eine Excel Funktion alleine nicht immer sinnig und nützlich – in der Kombination jedoch schon. Erstellen Sie eine neue Beispieltabelle wie nachfolgend abgebildet. Gegeben ist eine Liste verschiedener Texte aus einem Import. Wir benötigen die im Text vorhandenen Ortsnamen in den Zellen der Spalte rechts daneben.

	A	B	C
1	**Import:**	Ergebnis:	Formel:
2	223 - Berlin - 200		
3	17 - berlin - 309		
4	200 - Bremen - 20		
5	1 - Berlin - 300		
6	2 - Bremen - 300		
7			
8	**Gesucht:**	Berlin	
9			

Abbildung 10.19: Verschachteln mehrerer Text-Funktionen.

In unserer Abbildung 10.19 sehen wir eine Tabelle mit importierten Texten in der Spalte A von Zelle A2 bis A6. Unsere Aufgabe ist nun anhand des Suchkriteriums in Zelle B8 (Berlin) die Texte zu durchsuchen und alleine den Ortsnamen jeweils zu extrahieren. Die Funktionen LINKS und RECHTS können wir nicht verwenden, da links und rechts eine unterschiedliche Anzahl an Zei-

173

chen vor oder nach „Berlin" auftreten. Wir werden die Funktion TEIL verwenden müssen. Allerdings startet die Position auf der sich „Berlin" befindet ebenso immer wieder unterschiedlich.

Um die Funktion TEIL verwenden zu können, benötigen wir a) die jeweilige Startposition von „Berlin" in jedem Text und b) die Länge bzw. Anzahl der Zeichen des Suchkriteriums „Berlin" (oder welches Suchkriterium immer auch in Zelle B8 stehen mag). Beginnen wir mit der Position des Suchkriteriums „Berlin". Dafür verwenden wir die Funktion SUCHEN. Wieso die Suchen-Funktion? Weil Sie nicht zwi- schen Groß- und Kleinschreibung unterscheidet! Und wie man in Zelle A3 sieht, ist auch ein kleingeschriebenes „berlin" in unserer Liste.

H18		fx		
	A	B		C
1	**Import:**	Ergebnis:	Formel:	
2	223 - Berlin - 200	7		=SUCHEN(B8;A2;1)
3	17 - berlin - 309			
4	200 - Bremen - 20			
5	1 - Berlin - 300			
6	2 - Bremen - 300			
7				
8	**Gesucht:**	Berlin		
9				

Abbildung 10.20: Verschachteln mehrerer Text-Funktionen.

Starten wir die erste Funktion in Zelle B2.

Syntax:
=SUCHEN(B8;A2;1)

174

Unsere Funktion SUCHEN nimmt das Suchkriterium aus Zelle B8 (Berlin) ungeachtet der Groß- und Kleinschreibung, geht in die Zelle A2 und findet dort die erste Position der Zeichenkette.

Im Bezug auf die Zelle A2 startet Berlin hier auf Zeichenposition 7. Nun haben wir für unsere Teil-Funktion schon einmal die Startposition.

Wie finden wir heraus wie lang – sprich wie viele Zeichen – das Suchkriterium in Zelle B8 (Berlin in unserem Fall) hat? Indem wir die Zelle B8 mit LÄNGE(B8) abfragen. Und schon haben wir alles, was wir für die Funktion TEIL benötigen. Wir rufen uns nochmals in Erinnerung.

Syntax:
```
=TEIL(ZEICHENKETTE ; STARTPOSITION ; ZEICHENLÄNGE)
```

Wir wissen, dass die Zeichenkette sich in Zelle A2 befindet, mit SUCHEN bekommen wir die Startposition, mit LÄNGE die Anzahl der Zeichen des Suchkriteriums in Zelle B8. Daraus machen wir nun eine entsprechende verschachtelte Funktion.

Syntax:
```
=TEIL( A2 ; SUCHEN() ; LÄNGE () )
```

Und damit haben wir bereits unsere gesuchte Lösung aus den Funktionen TEIL, SUCHEN und LÄNGE.

Syntax:
```
=TEIL( A2 ; SUCHEN(B8;A2;1) ; LÄNGE(B8) )
```

	A	B	C
1	**Import:**	Ergebnis:	Formel:
2	223 - Berlin - 200	Berlin	=TEIL(A2;SUCHEN(B8;A2;1);LÄNGE(B8))
3	17 - berlin - 309		
4	200 - Bremen - 20		
5	1 - Berlin - 300		
6	2 - Bremen - 300		
7			
8	**Gesucht:**	Berlin	
9			

Abbildung 10.21: Verschachteln mehrerer Text-Funktionen.

Die Funktion TEIL geht in die Zelle A2 zur Positionsnummer, welche die Funktion „SUCHEN nach Berlin in A2" gefunden hat - und extrahiert hier die Anzahl der Zeichen aus, welche „LÄNGE von Berlin" ergeben hat. Ausgeführt dann wie folgt.

Syntax:
=TEIL(A2 ; 7 ; 6)

Vorsicht: Wir können nun die Funktion nach unten ziehen und somit kopieren. Da wir uns immer absolut auf das Suchkriterium in Zelle B8 beziehen – müssen wie die Zelle B8 auch „festhalten" beim Kopieren, indem wie diesen Bezug mit den Dollarzeichen als absolut Kennzeichen: =TEIL(A2;SUCHEN($B$8;A2;1) ; LÄNGE($B$8))

Passen Sie die Funktion bitte entsprechend an und kopieren diese nach unten. Das Ganze sollte nun bei Ihnen aussehen wir im Beispiel der Abbildung 10.22 angezeigt.

	A	B	C
1	Import:	Ergebnis:	Formel:
2	223 - Berlin - 200	Berlin	=TEIL(A2;SUCHEN($B$8;A2;1);LÄNGE($B$8))
3	17 - berlin - 309	berlin	=TEIL(A3;SUCHEN($B$8;A3;1);LÄNGE($B$8))
4	200 - Bremen - 20	#WERT!	=TEIL(A4;SUCHEN($B$8;A4;1);LÄNGE($B$8))
5	1 - Berlin - 300	Berlin	=TEIL(A5;SUCHEN($B$8;A5;1);LÄNGE($B$8))
6	2 - Bremen - 300	#WERT!	=TEIL(A6;SUCHEN($B$8;A6;1);LÄNGE($B$8))
7			
8	Gesucht:	Berlin	
9			

Abbildung 10.22: Verschachteln mehrerer Text-Funktionen.

Wir sind noch nicht ganz zufrieden.

Zwei Dinge gefallen noch nicht ganz. In Zelle A3 befindet sich das Suchkriterium kleingeschrieben und hätte wenn, mit einem großen Anfangsbuchstaben umgewandelt werden sollen. Zweitens – die Zellen A4 und A6 beinhalten nicht das Suchkriterium aus Zelle B8 (Berlin) und produzieren daher eine Fehlermeldung. Auch das sollte für den Anwender verhindert werden. Für beide Fälle haben wir unsere Funktionen GROSS2 und WENNFEHLER.

Kleingeschriebene Ortsnamen umwandeln.

Kümmern wir uns als Erstes um das kleine „Berlin". Wir umfassen die komplette Funktion einfach mit einem GROSS2(...).

Aus:
```
=TEIL(A2;SUCHEN($B$8;A2;1) ; LÄNGE($B$8))
```

Wird:
```
=GROSS2( TEIL(A2;SUCHEN($B$8;A2;1) ; LÄNGE($B$8)) )
```

	A	B	C
	G11 ▲▼ ✕ ✓ *fx*		
1	Import:	Ergebnis:	Formel:
2	223 - Berlin - 200	Berlin	=GROSS2(TEIL(A2;SUCHEN($B$8;A2;1);LÄNGE($B$8)))
3	17 - berlin - 309	Berlin	=GROSS2(TEIL(A3;SUCHEN($B$8;A3;1);LÄNGE($B$8)))
4	200 - Bremen - 20	#WERT!	=GROSS2(TEIL(A4;SUCHEN($B$8;A4;1);LÄNGE($B$8)))
5	1 - Berlin - 300	Berlin	=GROSS2(TEIL(A5;SUCHEN($B$8;A5;1);LÄNGE($B$8)))
6	2 - Bremen - 300	#WERT!	=GROSS2(TEIL(A6;SUCHEN($B$8;A6;1);LÄNGE($B$8)))
7			
8	Gesucht:	Berlin	
9			

Abbildung 10.23: Verschachteln mehrerer Text-Funktionen.

Nun bleibt nur noch die Fehlermeldung, wenn das Suchkriterium aus Zelle B8 in einem der Zeichenketten aus Spalte A nicht gefunden wird. Dazu haben wir ja die Funktion WENNFEHLER aus dem Kapitel 7.10 – auch hier umrahmen wir unsere kompletten verschachtelten Funktionen.

Wenn unsere aktuelle Funktionskombination keinen Fehler ausgibt, wird diese auch ausgeführt, wenn doch wird der Text „nV" ausgegeben. Der Ausgabetext „nV" soll stellvertretend für „nicht vorhanden" stehen.

Aus:
=GROSS2(TEIL(A2;SUCHEN($B$8;A2;1);LÄNGE($B$8)))

Wird:
=WENNFEHLER(=GROSS2(TEIL(A2;SUCHEN($B$8;A2;1);LÄN-GE($B$8))) ; „nV")

Und damit sollte Ihr Beispiel wie in Abbildung 10.24 aussehen – eine mehr-fach verschachtelte Funktion.

	A	B	C
	F12	f_x	
1	Import:	Ergebnis:	Formel:
2	223 - Berlin - 200	Berlin	=WENNFEHLER(GROSS2(TEIL(A2;SUCHEN($B$8;A2;1);LÄNGE($B$8)));"nV")
3	17 - berlin - 309	Berlin	=WENNFEHLER(GROSS2(TEIL(A3;SUCHEN($B$8;A3;1);LÄNGE($B$8)));"nV")
4	200 - Bremen - 20	nV	=WENNFEHLER(GROSS2(TEIL(A4;SUCHEN($B$8;A4;1);LÄNGE($B$8)));"nV")
5	1 - Berlin - 300	Berlin	=WENNFEHLER(GROSS2(TEIL(A5;SUCHEN($B$8;A5;1);LÄNGE($B$8)));"nV")
6	2 - Bremen - 300	nV	=WENNFEHLER(GROSS2(TEIL(A6;SUCHEN($B$8;A6;1);LÄNGE($B$8)));"nV")
7			
8	Gesucht:	Berlin	
9			

Abbildung 10.24: Verschachteln mehrerer Text-Funktionen.

Tipp: Was ich Ihnen damit u.a. auch zeigen wollte – versuchen Sie bei einem Problem niemals alle Funktionen auf einen Schlag zu verschachteln. Außer Sie sind Schach Weltmeister und können 20 Züge im Voraus denken. Arbeiten Sie sich Stück für Stück vor! Was benötige ich – mit welcher Funktion kann ich dies umsetzen. Und dann setzen Sie Funktion an Funktion. Vor allem – wenn Sie versuchen direkt zwei, drei und mehr Funktionen zu verschachteln und es kommt zu einer Fehlermeldung – ist es schwer heraus zu finden, welche der Funktionen nun von der Syntax her falsch ist und welche richtig. So starten Sie mit der ersten Funktion – geht. Die zweite Funktion – Fehler! Und Sie wissen direkt, dass die neue Funktion fehlerhaft ist.

Kapitel 11 - Schlusswort

Ich hoffe mein Buch „Excel Formeln und Funktionen – Grundlagen" war und ist für Ihre ersten Schritte eine Hilfe. Wenn Sie durch die Beispiele Anregungen für Ihre Anwendungsszenarien sammeln konnten – würde mich das freuen.

Natürlich ist dies erst ein kleiner Einstieg in die Welt der Formeln und Funktionen gewesen. Excel bietet Ihnen noch viele weitere verschiedene Funktionen für Ihre Arbeit. Hier empfehle ich Ihnen weiterführende Lektüren oder mein bald erscheinendes „Excel Formeln und Funktionen – Fortgeschrit- tene" Buch.

Haben Sie noch weitere Fragen oder konstruktive Kritik, welche Sie äußern möchten? So dürfen und können Sie mir gerne eine E-Mail-Nachricht schreiben: mail@autorjoergweiss.onmicrosoft.com.

Ich freue mich auf Ihr Feedback!

Jörg Weiss
Freier Autor

Lightning Source UK Ltd.
Milton Keynes UK
UKHW051318090921
390292UK00009B/771